VOCES VIAJERAS
Poetisas cubanas de hoy

VOCES VIAJERAS (Poetisas cubanas de hoy)
Primera edición española: Enero 2002
Ediciones Torremozas, S.L., 2002

© Ediciones Torremozas, S.L.
© Carlota Caulfield, 2002 de esta edición
© Las autoras correspondientes, de los poemas antologados
I.S.B.N.: 84-7839-271-8
Depósito Legal: M. 3.179 - 2002
Fotocomposición e impresión:
TARAVILLA
Mesón de Paños, 6. 28013 Madrid

Nuestro agradecimiento a Mills College
por la ayuda concedida
a esta edición

EDICIONES TORREMOZAS, S.L.
Dirección: LUZMARÍA JIMÉNEZ FARO
Apartado 19.032 - 28080 Madrid
Teléfono: 91 359 03 15
Fax: 91 345 85 32
E-mail: ediciones@torremozas.com
Página Web: www.torremozas.com

CARLOTA CAULFIELD

VOCES VIAJERAS
(Poetisas cubanas de hoy)

162

COLECCIÓN TORREMOZAS
Madrid, 2002

CARLOTA CAULFIELD (La Habana, 1953). Ha vivido en La Habana, Dublín, Zürich, Nueva York, Nueva Orleáns, San Francisco, Oakland y Londres. Licenciada en Historia por la Universidad de La Habana, en Filosofía y Letras por la Universidad Estatal de San Francisco y Doctora por la Universidad de Tulane, Nueva Orleáns, es Catedrática de Literatura española y latinoamericana en Mills College, Oakland, California. Es autora de *Literary and Cultural Journeys* (Oakland: Center for the Book, 1995) y *Web of Memories. Interviews with Five Cuban Women Poets* (Hot Springs, AR: Eboli Poetry Series, 1997).

Tiene publicados los siguientes libros de poesía: *Fanaim* (San Francisco: El Gato Tuerto, 1984); *A veces me llamo infancia/Sometimes I call myself childhood* (Boston: Solar, 1985); *El tiempo es una mujer que espera,* colección Torremozas núm. 31 (1986), *34th Street & other poems* (San Francisco: Eboli Poetry Series, 1987); *Oscuridad divina* (Madrid: Betania, 1987); *Oscurità divina* (Pisa: Giardini, 1990); *Angel Dust/Polvo de Angel/ Polvere D'Angelo* (Madrid: Betania, 1990); *Visual Games for Words & Sounds. Hyperpoems for the Macintosh* (San Francisco: InteliBooks, 1993); *Libro de los XXXIX escalones/Book of the XXXIX Steps* (Tazara: Luz Bilingual, 1995); *Estrofas de papel, barro y tinta* (Barcelona: Cafè Central, 1995); *A las puertas del papel con amoroso fuego,* colección Torremozas núm.119 (1996); *Book of the XXXIX steps, a poetry game of discovery and imagination. Hyperpoems for the Macintosh* –CDROM (Oakland: InteliBooks, 1999); *Quincunce* (Barcelona: Cafè Central, 2001); *Autorretrato en ojo ajeno* (Madrid: Batania, 2001).

Ha recibido importantes premios literarios, entre los que se destacan: el Premio Internacional «Ultimo Novecento» (Italia, 1988), «Mención de Honor» en el «Premio Plural» (México, 1992), «Mención de Honor» en el Premio Internacional «Federico García Lorca» (Estados Unidos-España, 1994), Premio Internacional «Riccardo Marchi-Torre di Calafuria» (Italia, 1995) y la Mención de Honor en Poesía del 1997 «Latino Literature Prize» del Instituto de Escritores Latinoamericanos de Nueva York. Su página de poesía en la red puede verse en http://www.intelinet.org/Caulfield.

Caulfield es directora de *CORNER* (http://www.cornermag.org), una revista internacional dedicada a las vanguardias literarias.

Introducción

Ciudades y ciudades. Ciudades reales. Ciudades invisibles. Ciudades imaginarias. Ciudades inciertas. Ciudades laberinto. Ciudades caos. Ciudades memoria. Ciudades espirituales. Ciudades vacías. Ciudades cuerpo. La Habana como la suma de todas ellas aparece en esta antología y se confunde con Florencia, Venecia, Siena, Brujas, Madrid, Coyoacán, Nueva York, Tanagra, Praga, Roma... La poesía cubana está llena de poetisas viajeras. Entre ellas, una pionera fue Gertrudis Gómez de Avellaneda (1814-1873) cuyo seudónimo «La Peregrina» simbolizó su permanente estar en un borde cultural y geográfico. Viajera entre Cuba y España, La Avellaneda fue la primera poetisa cubana que se movió entre diferentes geografías que conformaban, en aquel entonces, dos de los espacios principales de la literatura cubana. Poetisas cubanas de todas las épocas han vivido en múltiples geografías, casi siempre como peregrinas inquietas de un paisaje diaspórico llamado literatura cubana.

Al acercarnos a la poesía cubana posterior a 1959 encontramos que un gran número de poetisas han escrito toda su obra o buena parte de ella fuera de la Isla, en ciudades tan diversas como Nueva York, Buenos Aires, Washington, Viena, París, Miami, Florencia, San Juan, México, Santiago de Chile. El panorama es amplio y valioso [1]. Son nueve las reunidas en *Voces viajeras. Poetisas cubanas de hoy*: Juana Rosa Pita (1939), Minerva Salado (1944), Magali Alabau (1945), Maya Islas (1947), María Elena Blanco (1947), Alina Galliano (1950), Elena Tamargo (1957), Odette Alonso (1964) y Damaris Calderón (1967). En el caso de Pita, Alabau, Islas, Blanco y Galliano sus respectivos itinerarios poéticos se insertan en la diáspora anterior a los años ochenta. Con la excepción de Blanco, que ha publicado en Cuba, las publicaciones y premios de las otras poetisas han tenido lugar en el extranjero.

El segundo grupo, formado por Salado, Tamargo, Alonso y Calderón, pertenece a la diáspora posterior a los ochenta. Estas autoras no sólo han publicado buena parte de su poesía en Cuba, sino que también han sido merecedoras de importantes premios literarios en

---

[1] Jesús J. Barquet considera que un aspecto común a la poesía cubana posterior a 1959 es «la creciente cantidad y alta calidad de la poesía escrita por mujeres fuera y dentro de la Isla» (*Escrituras poéticas*, 11). El crítico estima que es imprescindible tener en cuenta «los momentos claves de renovación ideoestética» (*Escrituras poéticas*, 13-14) que significaron la publicación de *Tundra: poema a dos voces* (1963) de Isel Rivero, *Cartas a Ana Frank* (1966) de Belkis Cuza Malé, *Casa que no existía* (1967) de Lina de Feria, *Richard trajo su flauta y otros poemas* (1967) de Nancy Morejón, *Todos me van a tener que oír* (1970) de Tania Díaz Castro, *Mascarada* (1970) de Rita Geada, *Visitaciones* (1970) de Fina García Marruz, *Gentes y cosas* (1974) de Georgina Herrera, *Color de orishas: poemas a los santos ñáñigos* (1972) de Pura del Prado, *Viajes de Penélope* (1980) de Juana Rosa Pita, *Palabras juntan revolución* (1981) de Lourdes Casal, *Para un cordero blanco* (1984) de Reina María Rodríguez, *Oscuridad divina* (1985) de Carlota Caulfield, *Hermana* (1989) de Magali Alabau, *El ángel agotado* (1989) de María Elena Cruz Varela, *Se me ha perdido un hombre* (1991) de Carilda Oliver Labra y *En el vientre del trópico* (1994) de Alina Galliano, entre otros. Véase su «Poetisas cubanas y latinoamericanas, un recuento factual», en *Escrituras poéticas de una nación*. Para entender mejor la producción poética de las poetisas de la diáspora cubana, y en particular de Magali Alabau, Alina Galliano, Lourdes Gil, Maya Islas y Juana Rosa Pita, consúltese mi libro de entrevistas *Web of Memories*.

la Isla [2]. Contrariamente a lo que sucede con las poetisas de la primera diáspora, que sólo recientemente han empezado a ser reconocidas en el ámbito cultural cubano [3], las de la segunda diáspora ocupan un lugar destacado dentro del panorama literario de la Isla, y son más citadas que sus compañeras de diáspora en ámbitos literarios internacionales. Sin embargo, lo más importante a la hora de analizar la poesía cubana escrita por mujeres tanto fuera como dentro de la Isla es su alta calidad estética [4].

El tema que predomina en los poemas de esta antología es el viaje tanto real como imaginario. Todo éxodo lleva en estos poemas a rememorar ciudades legibles, de signos conocidos, en particular La Habana; a inventar también ciudades de relieves inciertos. Las ciudades de estos poemas poseen dimensiones no sólo espaciales, sino también temporales derivadas en historias, vidas y pasiones de la voz poética. Acompañándola están, casi siempre, otras voces familiares o desconocidas que añaden trazos al mapa poético. Es inte-

---

[2] En su ensayo «Por una nueva poética de la lejanía: Metáforas de la diáspora en la poesía femenina cubana», Madeline Cámara, al estudiar la poesía de Odette Alonso, Elena Tamargo y Damaris Calderón, considera que la diáspora posterior a los noventa constituye «ese espacio donde política y cultura parecen haber pactado una tregua difícil pero creativa, generando el difuso paisaje de los 'terceros países', mapa que trata de eludir la hostil confrontación Cuba-Estados Unidos destinada al discurso del exilio, por su naturaleza la zona más solitaria de creación para el artista». Agradezco a Cámara su autorización para citar de su libro en preparación *La letra rebelde: escritoras cubanas contemporáneas.* Véanse también Madeline Cámara, «Third Option: Beyond the Borders». *Michigan Quarterly Review* 33.4 (1993): 21-32, y Osvaldo Sánchez, «Los últimos modernos», en Iván de la Nuez, ed. *Cuba, la isla posible.* (Barcelona: Destino, 1995): 101-119.

[3] Véase, por ejemplo, Mirta Yáñez, *Album de poetisas cubanas.*

[4] Barquet considera que la obra de las poetisas cubanas actuales continúa el auge de las grandes poetisas posmodernistas (Mistral, Agustini, Storni, Ibarbourou) y posvanguardistas (Ocampo, Castellanos, Gramcko) latinoamericanas. (*Escrituras poéticas,* 11-12).

resante descubrir que, sin proponérselo, las poetisas cubanas entablan diferentes diálogos entre sí y crean una especie de palimpsesto donde memoria y eros son las marcas principales de su escritura [5]. Lo íntimo y lo testimonial contextualizan en estos poemas discursos poéticos de pasión amorosa, reflexión existencial, recuerdo, deseo, inconformismo, rebeldía, meditación espiritual y desdoblamiento del ser.

* * *

Juana Rosa Pita es la poeta más conocida de este grupo. Salió de Cuba en 1961 y ha vivido en Caracas, Washington, D.C., Boston, Madrid, Nueva Orleáns y Miami. Ha publicado numerosos poemarios y recibido importantes premios internacionales. En 1975 co-fundó Ediciones Solar, «editorial itinerante» (en palabras de Octavio Paz) que alentó durante diez años y logró publicar 26 poemarios de 12 autores diferentes. A principios de 1990 realizó en Nueva Orleáns una labor de difusión de poesía mediante los plegables Amatori, y a fines de esa década en Miami mediante El Zunzún Viajero.

Se la considera una de las mejores poetas hispanoamericanas de la actualidad.

El código poético de Pita se expresa en un lenguaje osadamente transpersonal donde la irreverencia histórica se confabula con la imaginación. Innovadora del español, adopta muchas veces un lenguaje conversa-

---

[5] Kevin Lynch en *The Image of the City* (Cambridge, Mass.: MIT, 1960) hace un interesante análisis de la ciudad como texto legible, como página impresa que puede ser abarcada visualmente con sus símbolos reconocibles (3). Véase también Susan Merrill Squier, ed. *Women Writers and the City. Essays in Feminist Literary Criticism* (Knoxville: The University of Tennessee, 1984).

cional y acuña nuevas palabras. Sus pasos poéticos quedan trazados desde el exilio hacia el recuerdo, en una especie de retrospectiva cinematográfica donde se van integrando las nuevas experiencias, todo lo que descubrimos y habitamos [6].

Pita parece crear en su poesía una receta para conjurar destierros. Hay un quehacer lúdico que Pita establece en sus poemas que tiene, además de conjuros y fórmulas contra el desamor y el destierro, un ingrediente fundamental que sazona y enlaza el discurso de casi todos sus poemarios: el motivo de la peregrinación y del viaje. Opuesta a la visión del exilio como ruptura y alejamiento, en Pita está la visión del pensamiento poético como «rincón del mundo». Florencia, Venecia y Pisa ocupan un lugar privilegiado en su poesía sin que abandone jamás sus hilos históricos y personales con la ciudad de La Habana y la isla de Cuba. Así nos dice en el poema «Ciudad de mis ojos»:

---

[6] Algunas ideas para este análisis están tomadas de mi ensayo «Ruptura, irreverencia y memoria en la obra de Juana Rosa Pita». Dentro de la literatura cubana de la diáspora Rita Geada y Juana Rosa Pita son las dos poetisas que establecen con mayor precisión una poética del viaje. En *Mascarada* (1970) de Geada se distingue una voz viajera que rechaza el mundo que ha atravesado. En *Vertizonte* (1977) la voz viajera experta mantiene su asombro vital y sobrevive sus exilios. En *Viajes de Penélope* (1980) Pita se convierte en cronista de su propia memoria y sus aventuras la llevan a la destrucción/construcción de mitos. *Crónicas del Caribe* (1983) se elabora sobre la tríada mujer-poetisa-cronista relacionada tanto física como espiritualmente con el agua (Mar Caribe), la tierra (Isla de Cuba), y el árbol (la ceiba). Sobre Geada véanse de Catherine R. Perricone, «El arte poético de Rita Geada», *The USF Language Quarterly* 18. 3-4 (1980): 33-35, 38; y «La búsqueda: una fuerza integrante de la poesía de Rita Geada», *The Americas Review* 14.1 (1986): 61-70; y de Jesús J. Barquet, «Magia, amor y poesía en *Vertizonte* de Rita Geada», *The Americas Review* 22.1-2 (1994): 259-273. Sobre Pita, véase de Jesús J. Barquet, «Juana Rosa Pita o Penélope reescribe *La Odisea*» (*Escrituras poéticas,* 55-78).

Hablo de la ciudad con mirador
hacia todas las otras.

(De *Florencia nuestra*)

La coherencia temática de la obra de Pita queda establecida a partir del papel que juega la poeta como cronista de su propia memoria. La poetisa nos dice que se llega a la poesía dejándose invadir por lo ajeno, y que es siempre otro el que nos hace hablar:

Gozo es la poesía compartida
y el unísono, música:
melodía de cuello largo
que expande el corazón.

(«Cristo de La Habana» de
Y seremos oriundos de Armonía)

*   *   *

Minerva Salado llamó la atención de la crítica en 1987 con *Palabras en el espejo,* su cuarto poemario publicado en Cuba, por sus diferentes registros expresivos, entre los que se destaca su poema «Canto del ácana». La voz poética se identifica con una voz africana y establece una elaborada red de descripciones e invocaciones a las deidades afrocubanas. De noviembre de 1990 a octubre de 1993 Salado formó parte de la redacción del periódico *El Nacional* de México, país donde reside desde 1988.

Con una obra poética ya importante, Salado recibió el Premio «Carmen Conde» de poesía escrita por mujeres, de Ediciones Torremozas de Madrid, por *Herejía bajo la lluvia* (2000). En este poemario encontramos una poesía evocativa que puede leerse como la crónica de «una ciudad habitada y soñada.» La voz poética se convierte en una observadora de su propia ciudad, La Habana, y de su yo interior. En esta poesía hay diferentes juegos de espejos que tenemos que descubrir como en «Alicia en mi ciudad»:

> Los espejos descubren los caminos
> sin saber demasiado hacia dónde
> penetran en las estridencias de los sueños

> (De *Herejía bajo la lluvia*)

También en la poesía de Salado aparecen otros referentes geográficos marcados en una especie de mapamundi de trazados intimistas y reflexiones existenciales. En «Poema en deuda» leemos:

> Brujas
> es la ciudad prohibida
> serán fotos de un viaje donde tú no apareces
> como no estoy en el lienzo de Brueghel
> que incomunica a Babel.

* * *

Magali Alabau es una de las poetisas cubanas más transgresoras de la actualidad. Reside desde 1967 en el área de Nueva York. Alabau brinda a la poesía cubana contemporánea una perspectiva que revisa la escena poética, tanto a nivel lingüístico como estructural. Su poesía es heredera de su experiencia escénica, ya que Alabau se dedicó por varios años al teatro, como actriz y directora.

En 1986 Alabau publica dos de sus poemarios más notables: *Electra/Clitemnestra* y *La extremaunción diaria*. El primero ofrece una lectura feminista del mito clásico. En *La extremaunción...* ya se encuentra la desdoblada hablante poética que caracterizará su poesía.

13

La ciudad de Nueva York y la Isla de Cuba son los espacios donde la poetisa cubana lleva a cabo su enfrentamiento/búsqueda del ser [7].

Ras (1987) continúa la expresión de su inconformidad con la realidad cotidiana enajenante e insuficiente que la rodea, así como la subversión de toda imagen tradicional de la mujer. Los textos de Alabau trastornan puntos de referencia de lo considerado «normal» y crean dimensiones esperpénticas a partir de la mirada de un sujeto poético insatisfecho que se sirve de la paradoja, la ironía y el humor negro, como se aprecia en el siguiente poema:

> El maquillaje chorrea como la sangre en el Monte de Getsemaní
> Para ponerme la máscara indispensable y pugilista
> hay que encuadrarse delante del espejo,
> mirar la luz y verse con reto.

(De *La extremaunción diaria*)

En los poemas de Alabau se superponen, a nivel filosófico, el dudar, el pensar y el ser, mientras que a nivel textual se leen la ciudad y la casa/cuerpo como zonas de excentricidad:

> Ciudades levantadas de alabastro,
> sortilegio de sol enterrado entre llamas,
> escribir una línea de angustia,
> comenzar con la mano callada,
> arremeter hasta la cámara oscura,
> respirar, saborear el ácido pico de la nada.

(De *Ras*)

---

[7] En su artículo «Magaly Alabau y su poesía del exilio cubano», Janet Pérez considera que en la poesía de Alabau se acentúan muchos de las características de la poesía cubana del exilio, entre las que se encuentran «el tema de la isla-patria, el destierro o espacio del exilio, y las vivencias subjetivas de la conciencia poética» (259). Sobre el tema de la ciudad en Alabau, véase mi ensayo «Texturas de caos o *La extremaunción diaria* de Magali Alabau».

Maya Islas, residente en Nueva York desde 1965, elabora su poesía sobre símbolos y metáforas. Su escritura busca explorar correlaciones entre la creación y la expansión de la conciencia. La lectura de sus poemas nos hace transitar por espacios simbólicos, mitólogicos y surrealistas. La influencia de la pintura, en particular la surrealista, es evidente en su obra. *Altazora acompañando a Vicente* (1989) marca un punto de partida esencial en su obra al explorar con gran lucidez literaria las dimensiones femeninas del universo. *Merla* (1991) expande esta conciencia.

Los poemas de Islas aquí reunidos pertenecen al libro inédito *La luna en Capricornio*. Con un lenguaje gozosamente simbólico y sensual, la voz poética elabora en ellos espacios metafóricos inusuales donde encontramos formas exquisitas de ciudades que caen «como agua sobre la realidad» y «atraviesan las paredes», paisajes a lo De Chirico y hasta rompecabezas que evocan cuadros de Escher, como en en el poema «La mujer»:

> Nadie lo notó.
> Yo no contesté.
>
> Conocer el **YO** no es un oficio fácil.
> Mi cara posee una pieza de mí misma,
> un puente entre dos **ciudades**.

También hay en los poemas de Islas un gusto por el tema amoroso que se presenta como juego de cajas chinas. En un estilo de experimentación, la poetisa reafirma su derecho a celebrar espacios donde los nexos entre las cosas y los seres parecen estár marcados por la incertidumbre. Leemos en «Cristina»:

15

Ya ves,
tengo un memorandum de caras
vigilando las paredes que respiran
porque saben que está al llegar
una tempestad vacía.

Mi existencia se mueve hacia tu ritmo,
Pero por cuanto tiempo,
No sé.

*   *   *

María Elena Blanco salió de Cuba en 1961 hacia Buenos Aires. Ha vivido también en Nueva York, París, Londres, Valparaíso y Viña del Mar. Desde 1986 reside en Viena. Publica *Posesión por pérdida* en 1990, libro de reflexiones poéticas sobre el deseo y la escritura, sobre el goce y su anticipación. Blanco trabaja el lenguaje en busca de la imagen elusiva, de la memoria fragmentada. La poeta visualiza parlamentos imbricados, crea rituales de comunión y controla con maestría imágenes avasalladoras hasta convertirlas en tejido de transparencias aparentes. En «Desnudo azul de espaldas» nos acercamos a su poético filosofar:

Contra la roca al vivo la línea sinuosa de la espalda,
el hombro sonrosado, la melena.
Un pecho duro la enmarca a cada lado.
Más arriba la pelvis se yergue coronada en ofrenda al coloso:
ambiguo pedestal del horizonte
sobre el violado mar.

(De Posesión por pérdida)

En *Corazón sobre la tierra/tierra en los Ojos* (1998), Blanco explora la temática de la identidad en busca de recuerdos de infancia, colores, olores, rostros y sonidos ya casi olvidados. Su poesía hurga en la memoria y escudriña todos sus rincones, extrayéndole una sustancia depurada, celebratoria. Encontramos en la obra de Blanco poemas largos marcados por destellos épicos, y poemas escuetos similares a imágenes fotográficas:

1.[**celimar**]

la certeza del mar a sus espaldas
diseñó su perfil

la niña solitaria tiende un cerco obsesivo
a cada esquina

la acosa desde el parque o la grama

olvida alada el miedo y la hora
hasta que la despierta el aire de la tarde

veloz como si la espantara un hado
pedalea hacia el mar

(«Casa de agua»,
de *Corazón sobre la tierra/tierra en los Ojos*)

*   *   *

Alina Galliano llegó a los Estados Unidos en 1968, y ha residido siempre en Nueva York. Su poesía es altamente introspectiva y sensual. Sobresale por su excepcional dominio del lenguaje y la brillantez de sus imágenes. Ya en su primer poemario, *Entre el párpado y la mejilla* (1980), se aprecia una aguda conciencia poética que explora múltiples coordenadas de la psiquis y la libido, lo que predominará en toda su obra. Su poemario *En el vientre del trópico* (1994), donde explora temas relacionados con la mitología africana, ha recibido gran atención por parte de la crítica. Sus temas también incluyen la mitología azteca y la filosofía sufí.

Nos encontramos frente a una poesía simbólica de alta alquimia idiomática. Atendiendo al ritmo mismo de cada palabra, Galliano logra diferentes registros sonoros. En los poemas aquí reunidos hallamos el tema del viaje espiritual y físico. Aparecen en ellos ciudades que se presentan como cuerpos errantes, cajas que contienen secretos, mansiones de ocio o reinos espirituales:

> te voy prestando rutas
> sitios llenos de únicos,
> indómitas ciudades
> que nacen a mi cuello
> sorprendiendo tu espacio,

(«I», de Inevitable sílaba)

> Soy esa lentitud que cubre el ojo
> y lo regresa a su origen pineal;
> geográfico mihrab donde es posible
> comenzar en el nicho de una espalda
> la nocturna plegaria a su imprevisto

(«XXIII», de El Libro)

* * *

Elena Tamargo fue promovida en el ámbito cultural cubano tras recibir el Premio Nacional de Poesía de la Universidad de La Habana en 1984 por *Lluvia de rocío*, y el Premio Nacional de Poesía «Julián del Casal» de la Unión de Escritores y Artistas de Cuba (UNEAC) en 1987 por *Sobre un papel mis trenos*. Poeta incisiva, de temática personal, erótica, filosófica e histórica. En muchos de sus poemas encontramos que lo vivido (memoria) y su representación (signos) entablan una pugna introspectiva y desgarrada.

Los poemas que aquí se incluyen pertenecen a su libro *Habana tú* (2000), publicado en la ciudad de México, donde la poetisa reside desde los años noventa. Apreciamos aquí una voz lírica que huye de toda retórica y tiene el arte de combinar lo familiar con lo universal. Se aprecia también en esta poetisa una tendencia a fundir su experiencia personal con material histórico.

Hay en estos poemas de Tamargo huellas de otras culturas, de otras ciudades. «Un diluvio, mi boca» es esencialmente un homenaje al poeta ruso-soviético Vladimir Maiakovski y a través de él la poeta recuerda sus vivencias moscovitas. La Habana aparece aquí bajo una mirada amante y nostálgica que recuerda, extraña, reconstruye su pasado y cuenta. La poetisa dialoga con la ciudad:

De niña, entre las grietas de la tierra
buscaba en ti mi aurora
a semejanza mía, a semejanza tuya
cuerpo oscuro y esbelto de mi sueño.
Puras ante la espera las imágenes
emisarias de la tarde que caía
pegada a su horizonte.

(«Habana tú»)

Ciudad, ciudad
no mates mi manía de ser bella
de pasearme desnuda y cepillarme el pelo.
Ciudad con pajaritos y cisternas
el probable lugar donde acabó una historia.

(«Habanera Yo»)

* * *

Odette Alonso es una de las voces más agudas y críticas de la poesía cubana actual. Desde la ciudad de México, donde la poeta reside desde 1992, Alonso mantiene una incesante actividad creativa. Ha ganado prestigiosos premios literarios que destacan su rigurosa propuesta artística. Hay en su obra inquietud y desafío. Muchos de sus poemas aunque circunscritos a la realidad cubana, no se limitan a ésta. En todos encontramos especial gusto por la ciudad, en particular, la ciudad de La Habana. Su relación entre identidad personal y espacio urbano es central para articular su alerta de que la experiencia individual está unida al contexto público.

La mujer identifica la ciudad como propia y ésta le sirve para reafirmar su identidad. Alonso se refiere a lugares específicos como puntos de partida para sus meditaciones sobre las relaciones humanas, la realidad cubana y sus experiencias. La voz hablante de Alonso se desdobla en diferentes sujetos líricos con puntos de vista diversos. Parodia, absurdo, ironía y escepticismo trazan las coordenadas de estos textos. Su poesía articula con singular fuerza expresiva los conflictos entre libertad y restricciones sociales.

> Ni siquiera mi infancia
> ah lo que nos contaron y no vimos
> los que llegamos luego a ver esta ciudad desmoronarse.
> Avanzo tierra adentro
> polvo sobre la acera y los apuntalamientos
> los rostros de la gente los comercios vacíos
> el pobre zapatero sin tintes que poner en sus zapatos.

> («Portales de la calle Infanta»,
> de *Insomnios en la noche del espejo*)

En la poesía de Alonso encontramos diferentes hablantes y puntos de vista que les dan a sus textos diversos niveles rítmicos:

> Qué culpa tiene madre
> con tanto orgullo y tanto título en la frente

de que sus hijos huyan para hacerse crecer.
Qué culpa tiene la pobre de los muros
del que se eleva sobre su cadáver
y le vacía el alma.
Oh ciudad
cuánto amor se me cae
qué triste te me vuelves entre tanta montaña.
Qué sola estás.

(«Llanto por la ciudad cuando me alejo»,
de *Historias para el desayuno*)

*   *   *

Damaris Calderón posee una visión poética altamente personal y experimental. Reconocida como una de las voces más independientes de la joven poesía cubana desde su primer poemario, *Con el terror del equilibrista* (1987), Calderón continúa una labor que refleja coherencia poética. Ganó en Cuba los premios «El Joven Poeta» en 1987, el «Ismaelillo» de la UNEAC en 1988, y el premio de la revista *Revolución y Cultura* en 1994. En Chile, país donde reside desde 1995, sigue llamando la atención de la crítica. En 1999 recibió el Premio de Poesía de la Revista de Libros del Diario *El Mercurio* por su libro *Sílabas. Ecce Homo,* de donde son los poemas que se incluyen en esta antología. Sobre este libro Gonzalo Rojas ha destacado su tono: «Tonalidad genuina. Intensidad, brevedad, rareza»:

Sobre mí
crecerá
la yerba
que pisotearán
los caballos
de Atila.

(«Los Otros»)

En la poesía de Calderón hay un gusto por lo urbano. La hablante poética de estos versos encuentra en las ciudades del mundo fuentes de memoria. Praga, San Petersburgo, París y La Habana son importantes referentes de este mapa poético. Hay homenajes, entre otros, a Calvert Casey, Marina Tsvietaieva, a seres anónimos. Esta poesía huye de todo retoricismo en sus complejidades internas. Hay ojo alerta y oído afinado en estos textos. El lenguaje austero y a veces de humor negro de Calderón registra tonos filosóficos de inconformismo y rebeldía:

a mi madre

Mueres de día. Sobrevives de noche.
Paisaje de guerra
de posguerra
paisaje después de la batalla.
Piedra sobre piedra donde sólo se escuchan, en la noche, a los gatos,
a las parejas de amantes que no tienen dónde meterse,
chillando.
Basuras, hierbas ralas, trapos, condones
aristas de latas con sangre.

(«Astillas»)

* * *

Voces viajeras. Poetisas cubanas de hoy responde a un interés personal de continuar divulgando la valiosa poesía escrita por las mujeres cubanas. Presenta un mosaico de voces que les servirá a los lectores para recorrer muchos de los singulares espacios de una escritura poética en constante movimiento.

Este proyecto hubiese sido imposible sin el entusiasmo y la cooperación de las poetisas, quienes me facilitaron datos y poemas. Mi agradecimiento a Jesús J. Barquet por sus valiosas sugerencias en la preparación de este libro.

22

La selección de los poemas va precedida por una poética que nos deja escuchar a cada autora en sus propias palabras, así como por una actualizada nota biobibliográfica.

CARLOTA CAULFIELD

BIBLIOGRAFÍA ESCOGIDA

ARCOS, Jorge Luis, ed. *Las palabras son islas: Panorama de la poesía cubana siglo XX (1900-1998)*. La Habana: Letras Cubanas, 1999.

BARABOTTI, Marco. «Ezra Pound e Juana Rosa Pita: un binomio cerebrale e di istinto». *Il Cagliaritano* 15.7 (1987): 51.

BARQUET, Jesús J. «Entre el sueño y el mito en las *Crónicas del Caribe*». *Enlace* 2 (1984): 44-45.

—. «Confluencias dentro de la poesía cubana posterior a 1959». En Pedro MONGE-RAFULS, ed. *Lo que no se ha dicho*. New York: Ollantay, 1994. 155-172.

—. «Epica, negrismo y actualidad cubana: *En el vientre del trópico*, de Alina Galliano». *Horizontes* 40.79 (1998): 103-116.

—. «Círculos concéntricos de violencia en la poesía de Magali Alabau».*Unión* 9.36 (1999): 34-41.

—. *Escrituras poéticas de una nación: Dulce María Loynaz, Juana Rosa Pita y Carlota Caulfield*. La Habana: Unión, 1999.

BARROSO, Alfonso y Carlos Augusto, eds. *Retrato de grupo*. La Habana: Letras Cubanas, 1989.

BURUNAT, Silvia y Ofelia GARCÍA, eds. *Veinte años de literatura cubano-americana: Antología 1962-1982*. Tempe, Arizona: Bilingual Press, 1988.

CAULFIELD, Carlota, ed. «Voices of Three Cuban Women Poets in Exile: Magali Alabau, Lourdes Gil, Juana Rosa Pita».*El Gato Tuerto*12 (1990): 1-4.

—. «Exilio, subversión e identidad en la poesía de Magali Alabau». *Latinos in the U.S. Review* 1 (1994): 40-44.

—. «Ruptura, irreverencia y memoria en la obra de Juana Rosa Pita». *Alba de América* 15. 28-29 (1997): 154-164.

—.«Texturas de caos o *La extremaunción diaria* de Magali Alabau». *Monographic Review/Revista Monográfica* 13(1997): 384-393.

—.*Web of Memories. Interviews with Five Cuban Women Poets (Magali Alabau, Alina Galliano, Lourdes Gil, Maya Islas, Juana Rosa Pita)*. Hot Springs, Arkansas: Eboli Poetry Series, 1997.

CORRALES, José. Res. de *Hasta el presente*, de Alina Galliano. *Linden Lane Magazine* 8.3 (1989): 26

—. «La multiplicidad de la memoria: Conversación con Alina Galliano». *Brújula/Compass* 10 (1991): 14-15.

COSTA, Marithelma. «Violencia/amor, juego/tragedia, mundo cubano/mundo exterior. Odette Alonso: *Linternas*.» *Reflexiones*. http://www.monmouth.edu/~pgacarti/odettealonsocv.htm

Cuza Malé, Belkis. Res. de *Merla, de Maya Islas. Brújula/Compass* 17 (1993): 14.

Daggett, Lyle. «Cuban Writers: Unsettled Conscience». *Contact* II (1990): 3-4.

Davies, Catherine. *A Place in the Sun? Women Writers in Twentieth-Century Cuba.* Londres: Zed Books, 1997.

Detjens, Wilma. «La influencia de las obras de Italo Calvino en la visión del exilio de Juana Rosa Pita». *Anales Literarios* 2.2. (1998): 87-97.

Espinosa, Carlos. *El peregrino en comarca ajena. Panorama crítico de la literatura cubana del exilio.* Boulder, Colorado: Society of Spanish-American Studies, 2001.

Fernández, Roberta, ed. *In Other Words: Literature by Latinas of the United States.* Houston, Texas: Arte Público Press, 1994.

Fornet, Ambrosio. «El discurso de la nostalgia».*La Gaceta de Cuba* (julio-agosto 1995): 32-33.

García, Concha. «Sobre *Herejía bajo la lluvia*, de Minerva Salado». *ABC Cultural* (mayo 19, 2001): 5.

García Ramos, Reinaldo. «La fortaleza en el desierto; Obra reciente de algunos poetas cubanos exiliados». En Pedro Monge-Rafuls, ed. *Lo que no se ha dicho.* New York: Ollantay, 1994. 199-207.

Gil, Lourdes. «¿Existe una literatura cubana en Nueva York?». *El Diario La Prensa* (nov. 28, 1990): 11.

—. «Poesía y política para otra visión del exilio».*La Gaceta de Cuba* (julio-agosto 1995): 36.

González, Mirza L. «Ala, vuelo y camino, la ruta hacia los astros de Maya Islas». *Anales Literarios* 2.2. (1998): 118-124.

González-Acosta, Alejandro. Res. de *Hasta el presente (Poesía casi completa)* y *La geometría de lo incandescente (En fija residencia),* de Alina Galliano. *Sábado.* Suplemento de *unomasuno* (dic. 12, 1993): 793.

González-Montes, Yara. «Bosquejo de la poesía cubana en el exterior». *Revista Iberoamericana* 56.152-153 (1990): 1105-1128.

—. «El aporte de la mujer en la creación lírica del exilio cubano». *Anales Literarios* 2.2. (1998): 15-23.

—. «Apocalipsis lírica de Magali Alabau». *Anales Literarios* 2.2. (1998): 108-117.

Harrison, Polly E. «Images and Exile: The Cuban Woman and Her Poetry». *Revista/Review Interamericana* 12.1 (1982): 184-219.

Hernández, Ana María. «En vísperas del milenio. Entrevista con Maya Islas». *Brújula/Compass* 17 (1993): 15-16.

—. «Tres poetas cubanas: Magali Alabau, Lourdes Gil y Maya Islas». En Pedro Monge-Rafuls, ed. *Lo que no se ha dicho.* New York: Ollantay Press, 1994. 217-238.

Hernández, Librada. Res. de *Ras,* de Magali Alabau. *Revista Iberoamericana* 46. 152-153 (1990): 1381-1382.

—. «Marginalidad y escritura femenina: una poeta cubana en Nueva York». *Revista Hispánica Moderna* 45 (1992): 286-297.

25

HERNÁNDEZ MENÉNDEZ, Mayra, ed. *Nuevos juegos prohibidos: jóvenes poetas de Cuba*. La Habana: Letras Cubanas, 1997.

HOSPITAL, Carolina, «Los atrevidos: The Cuban American Writers». *Linden Lane Magazine* 6.4 (1987): 22-33.

—. ed. *Cuban American Writers: Los Atrevidos*. Princeton, New Jersey: Ellas/Linden Lane Press, 1988.

HOZ, León de la. *La poesía de las dos orillas: Cuba (1959-1993): antología*. Madrid: Libertarias/Prodhufi, 1994.

ISLAS, Maya. «Reflexiones sobre los arquetipos feministas en la poesía cubana de Nueva York». En Pedro MONGE-RAFULS, ed. *Lo que no se ha dicho*. New York: Ollantay Press, 1994. 239-252.

JIMÉNEZ, Luis A. «Otra vez frente al espejo: El cuerpo en la escritura de Alina Galliano». *Anales Literarios* 2.2 (1998): 125-131.

LABRADA AGUILERA, Agustín. «Verdores y derrumbes». En Odette Alonso. *Insomnios en la noche del espejo*. México: Instituto para la Cultura y las Artes de Quintana Roo, 2000. 5-8.

LÁZARO, Felipe, ed. *Poetas cubanas en Nueva York. Antología breve./Cuban Women Poets in New York. A Brief Anthology*. Introducción por Perla Rozencvaig. Madrid: Betania, 1991.

—. y Bladimir ZAMORA, eds. *Poesía cubana: la isla entera*. Madrid: Betania, 1995.

LÓPEZ LEMUS, Virgilio, ed. *Doscientos años de poesía cubana, 1790-1990: cien poemas antológicos*. La Habana: Abril, 1999.

LUQUE, Aurora y Jesús AGUADO, eds. *La casa se mueve: antología de la nueva poesía cubana*. Málaga: Servicio de Publicaciones, Centro de Ediciones de la Diputación Provincial de Málaga, 2000.

MARTÍNEZ, Elena M. «Two Poetry Books of Magali Alabau». *Confluencia* 8.1 (1992): 155-158.

MUÑOZ, Elías Miguel. *Desde esta orilla: Poesía cubana del exilio*. Madrid: Betania, 1988.

OLIVARES BARÓ, Carlos. «Los enigmas de la sed en la poesía de Odette Alonso». *Reflexiones*. 2001. http://www.monmouth.edu/~pgacarti/odettealonsocv.htm.

—. Introducción a «Homenaje a la poeta cubana Elena Tamargo». Separata. *Papeles del Nuevo Mundo* 2.15-16 (2001): 1-12.

PAPASTAMATIU, Basilia. Res. de *Tema sobre un paseo,* de Minerva Salado. *Juventud Rebelde* (enero 7, 1978): 3.

PÉREZ, Janet. «Magaly Alabau y su poesía del exilio cubano». En Adelaida Martínez, ed. *Homenaje a Victoria Urbano*. Madrid: Fundamentos, 1994. 259-265.

RÍOS, Soleida, ed. *Poesía infiel: selección de jóvenes poetisas cubanas*. La Habana: Abril, 1989.

RIVERO, Eliana S. «Cubanos y cubanoamericanos: perfil y presencia en los E.U.».*Discurso Literario* 7.1 (1989): 81-101.

—. «From Immigrants to Ethnics: Cuban Women Writers in the U.S.». En Asunción Horno-Delgado, Eliana Ortega, et al., eds. *Breaking*

Boundaries. Latina Writing and Critical Readings. Amherst: The University of Massachusetts, 1989. 189-200.

—. «(Re)Writing Sugarcane Memories: Cuban Americans and Literature». En Fernando ALEGRÍA y Jorge RUFFINELLI, eds. *Paradise Lost or Gained? The Literature of Hispanic Exile.* Houston, Texas: Arte Publico Press, 1990. 164-182.

ROBLES, Mireya. *Profecía y luz en la poesía de Maya Islas.* San Antonio, Texas: M&A Editions, 1987.

ROJAS, Gonzalo. «Si la poesía es tono, *Sílabas. Ecce Homo,* de Damaris Calderón». *El Mercurio* (septiembre 25, 1999): 5.

SALGADO, María A. «Familia, mito y metafísica en Electra, Clitemnestra de Magaly Alabau». *Americas Review* 21.2 (1993): 77-88.

—. «Women Poets of the Cuban Diaspora: Exile and the Self». En Fernando ALEGRÍA y Jorge RUFFINELLI, eds. *Paradise Lost or Gained? The Literature of Hispanic Exile.* Houston, Texas: Arte Publico Press, 1990. 227-234.

SATUÉ, Francisco J. Res. de *Viajes de Penélope,* de Juana Rosa Pita. *Cuadernos Hispanoamericanos* 394 (1983): 247-248.

SUARÉE, Octavio de la. «Silencio, memoria, sueños: tres temas de la poesía cubana de Nueva York». En Pedro MONGE-RAFULS, ed. *Lo que no se ha dicho.* New York: Ollantay Press, 1994. 253-262.

—. «Transformación y continuidad en la creación linguística de Alina Galliano». *Círculo: Revista de Cultura* 28 (1999): 176-185.

YÁÑEZ, Mirta, ed. *Álbum de poetisas cubanas.* La Habana: Letras Cubanas, 1997.

JUANA ROSA PITA (La Habana, 1939). Poeta, periodista, editora y traductora.

Obra poética: *Pan de sol* (Washington D.C.: Solar,1976); *Las cartas y las horas* (Washington D.C.: Solar, 1977); *Mar entre rejas* (Washington D.C.: Solar, 1977); *El arca de los sueños* (Washington D.C.-Buenos Aires: Solar, 1978); *Manual de magia* (Barcelona: Ambito Literario, 1979); *Eurídice en la fuente*. (Miami: Solar, 1979); *Viajes de Penélope*. Prólogo de Reinaldo Arenas (Miami: Solar, 1980); *Crónicas del Caribe* (Miami: Solar, 1983); *Grumo d'alba* (Pisa: Giardini, 1985); *El sol tatuado* (Boston: Solar, 1986); *Arie etrusche/Aires etruscos*. Prefacio y traducción al italiano de Pietro Civitareale (Cagliari, Italy: GIA,1987); *Plaza sitiada*. Prólogo de Pablo Antonio Cuadra (San José de Costa Rica: Libro Libre, 1987); *Sorbos de luz/Sips of Light*. Trad. Mario de Salvatierra. (San Francisco-Nueva Orleáns: Eboli Poetry Series, 1990); «Proyecto de infinito» (plegable) (Nueva Orleáns: Amatori, 1991); *Sorbos venecianos/Sorsi veneziani/Venetian Sips* (Miami (edición artesanal de 48 copias, numeradas y firmadas por la autora, 1992); *Florencia nuestra/Biografía poemática* (Miami-Valencia: Arcos, 1992); *Transfiguración de la armonía* (Coral Gables, Florida: La Torre de Papel, 1993); *Una estación en tren* (Coral Gables, Florida: Instituto de Estudios Ibéricos, 1994); *Infancia del Pan nuestro* (Somerville, MA: Poetry Planting, 1995); *Tela de concierto* (Miami: El Zunzun Viajero, 1999); *Cadenze*. Prefacio de Pietro Civitareale (Foggia: Bartogi, 2000).

En 1975 obtuvo el primer premio de poesía para Hispanoamérica del Instituto de Cultura Hispánica de Málaga. Finalista del premio de poesía «Juan Boscán» de Barcelona, 1980-1981 por *Florencia nuestra/Biografía poemática*. En 1985, por toda su obra poética, se le otorgó el VIII Premio Internazionale Ultimo Novecento –sessione «Poeti nel mondo», y dos años más tarde el Premio Alghero «La cultura por la paz». Recibió el Premio Letras de Oro de Poesía 1992-1993 por *Una estación en tren* y en junio de 1995 se le entregó la Medalla de la Comuna de Pisa.

Su poesía ha sido ampliamente reseñada, traducida en parte al alemán, el griego, el inglés, el italiano y el portugués e incluida en importantes antologías como *New Directions in Prose* and *Poetry 49* (Nueva York: New Directions, 1985); *Antología de la poesía cósmica cubana* (México: Frente de Afirmación Hispanista, 2000); *Doscientos años de poesía cubana/ 1770-1990/Cien poemas antológicos* (La Habana: Abril, 1999), de Virgilio López Lemus.

Ha prologado obras como la edición facsímile de *El pan de los muertos*, de Enrique Labrador Ruiz. Sus poemas y artículos (sobre Jorge Guillén, Roberto Juarroz, Pablo Antonio Cuadra, Odiseas Elytis, Octavio Paz...) pueden encontrarse en publicaciones de América y Europa, desde la *Gaceta del Fondo de Cultura Económica* y *Vuelta*, de México, hasta *Spiritualità e Letteratura* de Italia. Es corresponsal de la revista *Alhucema* de Granada y miembro del Consejo Intelectual Interamericano de la revista centroamericana de cultura *El Pez y la Serpiente*.

Creo que mi poética está dispersa por toda mi poesía, escrita ininterrumpidamente a partir de 1974. En cada libro algún poema se asoma a ella o aparece esbozada en algunos versos. Sería interesante, hasta para mí, ir armando su figura. Mucho mejor de ese modo que tratar de apresarla en un párrafo. Creo que la poesía expresa la plenitud del ser y de la vida: ella misma es esa plenitud, por eso nos resulta imprescindible su belleza, oxígeno del alma. En la poesía la vida se reconoce y recrea, y eso nos permite conocer. La poesía es amor por otros medios y hacia fines desconocidos. Entonces mejor sugerir mi poética con estos versos de **Tela de concierto:**

> Borrar la historia al máximo
> y dejar de ella sólo
> pinceladas cargadas de leyenda...

JUANA ROSA PITA

Textraño

Ahora como entonces
todo es cercano cuando estamos juntos:
besables las magnolias y los mármoles,
              propicia a confidencias
el agua, y la Puerta del Cielo
mester de acceso a Dios, no monumento.

Qué otra historia podría desear
gozando en un perímetro de abrazo
plaza de arte, jardín, nostalgia, sueños.

(Sabes que no adolece de metáfora
. lo que es reminiscencia).

Y en tu ausencia me siento
estatua aquí en lo alto de otra plaza:
réplica solitaria de mí misma
como el David: privada de Florencia
y dando fe de Giotto
lejano el campanario

(*Florencia nuestra*)

Ciudad de mis ojos

Las campanadas tienen duende
y las fuentes son nómadas.
Los árboles extienden su cultura
con la amistad del hombre
y se hacen confidentes, marineros.

Hablo de la ciudad muy bien mirada
por ti: inventada hasta el colmo.

Aquí se da cobijo a los que se aman
y se desacralizan los relojes.
No hay violencia ni incuria:
un caballo dará paso a un cangrejo
aunque no anide mar el horizonte.

Hablo de la ciudad con mirador
hacia todas las otras.

Perspectivas

No es ver la luz lo original:
el que la luz nos vea
resulta imprescindible para amarnos
mejor. La soledad es transitiva:

los cauces de la angustia
confluyen en la fuente donde Dios
bebe al anochecer de nuestras manos
juntas. No hay distancia:

si podemos hacer viajar a un árbol
¿por qué los pensamientos quedarían
encallados, remotos
de su destino en otros pensamientos?

No es vivir lo esencial:
el dejarse vivir por lo que vibra
en nuestro breve tiempo
fortifica la plaza para siempre.

(Plaza sitiada)

Afonía

Mis oídos se han vuelto vulnerables
a los sonidos extramusicales
producidos por los rompeinstrumentos,
y mis ojos resienten
los sahumerios que mi voz precisa
                    para recobrar timbre
de día festivo en cada vibración.

Todo lo que poseo cabe al pie
de la Asunción plasmada por Tiziano
en un altar de iglesia que en Venecia,
        con órganos gemelos,
llama a concierto cuando el sol se va.

Dicen que incierto apunta mi futuro
pero en las noches viajo
        entre sabias almohadas,
toda ciencia trasciendo por el día
y mi instrumento afino al universo.

Si mis cuerdas vocales me traicionan
condenándome a *sottovoce* perpetua,
lo que aún me falte por decir
        encontrará su ruta
imantando a mi anhelo su dicción.

                    (circa 1993, inédito)

Pertenencia

Mi país es un árbol de lluvia
        isla de fuego en flor
un pequeño Infinito
cantor de arcanos y alegrías.

Mi país es tu abrazo tu palabra
tu fantasía tu sueño tu presencia
señor de la tormenta, mi país
en ti despierto, duermo y vivo.

El puerto de mis manos y mis rosas
mar abierto de todos mi deseos

aire de mi silencio, música
callada mi país, hombre encino
el corazón meciéndose entre sol
y luna, mi país me espera...

Cristo en La Habana

Gozo es la poesía compartida
y el unísono, música:
melodía de cuello largo
que expande el corazón.

Mira el Cristo, dijimos a la vez
dejando atrás la terminal de barcos,
el café de helados frutales,
la plaza de leones franciscanos.

Será que Él nos miró, presiente,
irrumpir en su lar de resistencia
riendo como niños, enlazados
cuando la lluvia al fin nos diera alcance.

Convócalo por mí a tu ventanal,
dale cuenta de nuestros lanzamientos:
la rosa al mar, la extraña flor al río,
nosotros a cumplir proyectos de alma.

Doute

Qué deberá asentarse de mi viaje:
¿la caricia en el aire y los olores

o la inclemencia de los tiempos?
¿el esplendor oriundo del paisaje
o la humana aflicción?
¿la dicha de vibrar en lar nativo
o la fugacidad de esa vivencia?
¿la acogida de mi país en ti
o el ulterior redoble del destierro?

Antes me reconocerían
en Siena, donde acaso nunca esté,
que en la ciudad donde cumplí los veinte
y hago mía por licencia de ensueño.

Celebran mi dicción: no reconocen
mi piel, ni la orfandad que me dio voz
ni el gran rechazo en que forjé mi vida
ni lo inmenso que entiendo por amar.
¿Podré llamar tu suelo mío al fin?

Fuera de la poesía sin confines
¿puedo quedarme, aunque pierda el aire
donde doy la batalla del poema?
Dime si voy a habanecer contigo
como si fuera la Isla todavía
más que quimera, mi país real.
O sólo alcanzo a pregonar su luz,
la vapuleada gracia con que asume
los delirios culpables de sus penas.

¿Habrá concordia entre dolor y gozo?
Si algo se asienta en mí será el deseo
de no tener ya nada que decir:
de ser como sería antes del cisma.
Fatum de soledad que yo no canto:

soledad de alumbrar donde no vivo
soledad de vivir donde no asombras
soledad de arder donde no cuenta.

Conjuro

¿Desde cuándo la lluvia no me daba alegría?
¿Desde qué época lejana de juegos,
carpas blancas y prendas extraviadas?

Hoy durante el desayuno comenzó
a llover más allá de los cristales
y sentí una sonrisa diluirse
en mí al contemplarla.

Tú y yo en la noche, el puerto de La Habana:
el tejido sutil y nebuloso
que anidas en mis labios cautivándolos
será el feliz culpable de que hoy
recobre la belleza de la lluvia.

(Y seremos oriundos de Armonía, inédito)

Danza de las vocales

A Virgilio L. L.

Llegada a mí tu rosa comprendí
que Dios creó con su sonrisa todo
lo que ha sido y será:
porque entreabrió los labios se escaparon

35

las vocales a buscar siete astros
y siete musicales notas
              danzando sin cesar con ellos.
¿Escuché alguna vez esta leyenda
o me llegó su música en tu rosa?

Entonces vi tu nombre con tres soles,
tres solitarias islas en sigilo
yendo al arcano nido de la O
              donde el tiempo se eterna
como al centro florido de mi nombre—
nacido a su destino de amor Único
ensalmando a infinito sus tres lunas.

Me basta una I tuya y a ti una A mía
par dar vida al mar que somos
hasta que en plena historia nos alumbra.
De cuerpo entero y todos corazón
tú y yo viviremos enlazando
              nuestras vocales en el beso:
de pies y alma unidos a la Isla
y en hombros del abrazo, Armonía.

Nos imanta la E de nuestra estrella.

                                        (inédito)

MINERVA SALADO (Regla, La Habana, 1944). Escritora y periodista.

Obra poética: *Al cierre* (La Habana: Unión, 1972); *Tema sobre un paseo* (La Habana: Unión, 1978); *Encuentros y poemas* (La Habana: Extramuros, 1982); *País de noviembre* (La Habana: Letras Cubanas, 1987); *Palabra en el espejo* (La Habana: Letras Cubanas,1987); *Encuentros casuales.* (México D.F.: Factor, 1990); *Ciudad en la ventana* (México: UNAM, 1994); *Herejía bajo la lluvia* (Madrid: Torremozas, 2000).

Por *Al cierre*, recibió en 1971 el Premio «David» instaurado por la Unión de Escritores y Artistas de Cuba (UNEAC) para jóvenes poetas. En 1977 obtuvo el Premio Nacional de Poesía de la UNEAC por *Tema sobre un paseo*. En junio del año 2000 su libro *Herejía bajo la lluvia* obtuvo el XVII Premio Internacional *Carmen Conde,* que convoca la Editorial Torremozas para mujeres que escriben poesía.

Ha publicado varios libros de ensayos, entre los que se destacan *Un juguetero prodigioso* (La Habana: Unión, 1988). Compilación de artículos propios acerca de la cultura cubana, provenientes de las páginas de la revista *Cuba internacional*. En Cuba, Salado fue Jefa de Redacción de la revista *Cuba internacional* y luego subdirectora de la revista *Revolución y Cultura*. En México, formó parte durante cinco años de la redacción editorial del periódico *El Nacional*. Es cofundadora del mensuario cultural *Gaceta Convite*, publicación del Centro Histórico de la Ciudad de México. En la actualidad coordina la Colección *Libros para jóvenes*, destinada por la Editorial Trillas a la adaptación de obras clásicas de las letras universales.

———————

Quizá la poesía no sea un dogma. Quizá ni siquiera sea un concepto. Tal vez sólo sea ese hilillo de agua que, fresca, recorre a quien la disfruta para aliviarlo de tanto dolor, de todo odio, de cualquier promesa incumplida. La poesía —parece simple— es entonces un elixir y como él tiene componentes curativos que se aplican en el mismo sentido que gira el calidoscopio, ese juguete maravilloso de nuestra infancia. El pulso de la mano que lo sostiene decide el sitio donde quedarán detenidos los diminutos cristales, que van a adoptar figuras que nunca volverán a ser las mismas. Así las palabras en el poema. La poesía entonces se convierte en azar y como él está en el sustento de todas las cosas.

Es la madre del cordero para la literatura, y hasta de la filosofía, es la paloma en el vuelo del lenguaje.

MINERVA SALADO

Alicia en mi ciudad

Los espejos ocultos están frente al Paseo del Prado
para que tú los atravieses.
Del otro lado esperan todas las ilusiones
las piedras en el centro de otro orden
los rostros y los pasos.
Los espejos descubren los caminos
sin saber demasiado hacia dónde
penetran en las estridencias de los sueños
fantásticos como nunca antes
       ilusorios
reales para los que olvidaron la esperanza.
El azogue de los espejos parece
una tentación a la que pocos renuncian
los otros yacen sobre las baldosas
sin tiempo para más
esperando en las raíces de una ciudad
que cada día se evade
sin dejar de ser ella.
Suplantada
       acartonada
           enmascarada
y sin embargo ella bajo toda escenografía
careada
       encallecida
          abandonada
hermosa para siempre

Poema a perpetuidad

La eternidad es este instante en que cubro tu mano
                con la mía.
La eternidad es una sábana extendida
húmeda tras el amor
y aquel vocerío que nos ensordece
cual buitres sobrevolando una costa y la otra.
La eternidad es tan efímera
como el cruce de una estrella desvelada
a través del espejo.
No tiene la infinita dimensión que le dimos
y es sólo un fugaz rayo
               en medio de las sombras
una luz que aferramos por un tiempo
y se extinguió después entre los dedos.
La eternidad
no es más que un minuto
tal vez un breve instante
la frase que pronunciamos sin aliento
el destello de un beso
ese espacio en que cabe la palabra siempre
y que me sientas tuya
en el círculo concéntrico que se nombra eternidad
y que termina.

(Herejía bajo la lluvia)

Poema en deuda

Brujas
es la ciudad prohibida

serán fotos de un viaje donde tú no apareces
como no estoy en el lienzo de Brueghel
que incomunica a Babel.

Detrás mío hay un fantasma que sólo yo veo
la sombra de una mujer que llora en los aeropuertos
su llanto silencioso no se detiene   [del mundo
como tampoco ella
sólo yo sé que vuela
                              escapa
                                        huye
y mientras
me habla al oído para reconfortarme
en las horas inútiles.

Cuando el siglo concluya
el espectro de la mujer que ama
terminará por suicidarse en un parque de San Francisco
sin saber muy bien por qué lo hace
sin darse mucha cuenta que ha sido
en nombre de las otras que amaron sin condición
para que ellas continuaran haciéndolo
                              y no desaparezcan.

En un patio de Brujas
junto a los pies del César en la Roma imperial
frente a la tierra inundada de Venecia
durante una dulce tarde florentina
caminando en el gótico barcelonés
en la Castellana bajo la lluvia de Madrid
rumbo a la fuente de los coyotes en Coyoacán
o en el Paseo del Prado de La Habana
hay una mujer cansada
y su gemela sobrevive al naufragio

pero de todas formas estalla en pedazos
cada día se deshace sobre las calles del mundo
para que sus hermanas crean una vez más
                            al menos una vez más
en el amor.

                                    12 de noviembre de 1999,
                                    aeropuerto de Barcelona

Postal

A Vivian, en su ciudad

Un negro viejo lustra sus botas en el sillón del Hotel
y sabe que la ciudad yace   [Plaza
en esas botas.
Los turistas activan sus cámaras fotográficas
para recoger la imagen del caminante
urbano de La Habana
quien sonríe con un aire desdentado
que huele a la chaveta
con la que trabajó la hoja del tabaco
durante toda su vida.

Ahora
la silla del limpiabotas
es su más celoso placer
la confianza de los paseantes
amigos de «allá afuera»
donde otros ciudadanos
en ciudades que él no ha visto
exhiben de mil maneras
sus orígenes.

Hoy por hoy
el negro Felipe
lustra sus botas en el sillón del Plaza
y se contenta.

Oráculo

El amor es un templo al que hay que entrar
con miel de las abejas en tus manos
preparado para el acíbar de todos los días
y la música de la naturaleza
estallando en las sienes.
El amor es un riesgo por correr
acecha en los buenos momentos
y en los peores
es una herida por rasgarse.

No hay eficiencia en el amor
ni lluvia pertinaz
ni buenas tardes cada día
las matemáticas no existen
y esperan por él todas las viudas
las vírgenes del planeta.

El amor es una cuenta mal sumada
escapa como paloma
se pone el sol y en pleno eclipse
cae la oscuridad sobre el pasado.
El amor es toda inseguridad
ninguna convicción
jornadas que transcurren como años
a la espera del otro

42

en la llamada de su propio
único corazón
diferente
intacto para ti
tuyo en la lealtad
en el susto por el tiempo que pasa.

Hay que empujar la puerta
sin mentiras
sin miedos.

El amor es siempre un peligro.
El amor es un templo que hay que abrir.

Telefonía

Tu voz en el alambre como un fino
hilo de luz en medio de la sombra
tu voz, aliento que el silencio nombra
pequeña herida abierta en el camino.

Tu voz lejana y breve es un destino
difícil de ocultar bajo mi alfombra
como quimera que también se asombra
de existir a pesar del desatino.

Tu voz se estrella con mi larga espera
en un afán sin límite y sin sombra
trata de ser paloma y es reflejo

que atraviesa las luces del espejo
donde la imagen huye, cual si fuera
tu voz, aliento que el silencio nombra.

Beso

Un beso que promete la madera
de tus manos cubiertas de rocío
un beso que se anuncia en el estío
y parece vibrar de otra manera.

Es un beso confuso, cual si fuera
el temor secular de la paloma
es un beso que tiembla si se asoma
pero vuelve a ser libre en la quimera.

Un beso que no existe, pero flota
en la nube abismal de nuestro sueño,
que se teje y anuda en un naufragio.

Sólo es tangible cuando el viento azota,
y hace inútil las cuerdas del empeño
que convierten el beso en un presagio.

Rosas gemelas

Dos rosas en un vaso, desveladas,
De un aroma perdido en la memoria
Su presencia es perfume de una historia
Detenida en la flor de mis almohadas.

Dos rosas rojas, como la ironía
De aquel rayo escapado a la ventana
Hilo de luz partiéndose en el día
Grano de sal que anida en la mañana.

Son dos símbolos rotos de un pasado
Que se mueve en el ritmo de las velas
Y quiebra la invención del impaciente

Son marcas de un color inapropiado
Que palidecen en la tarde ausente
Y mueren juntas, como dos gemelas.

Navegación

Hay un barco escorado en la bahía
De mis sueños de ayer y de mañana
Una torre repica sin campana
Porque ya su campana no es más mía.

Un velero se mueve a la deriva
Desasido del rumbo de los mares
No conoce el sabor de ciertos lares
Pero tiene una luz que aún está viva.

Esa tela a babor ha sido rota
Desgajada del mástil que la ataba
A la ruta de un puerto muy hermoso

La marea revuelta se hizo acoso
Y el talud se llevó lo que yo amaba
Dejando sólo el viento por derrota.

(Poemas inéditos)

MAGALI ALABAU (Cienfuegos, 1945). Ha tenido una amplia carrera como actriz (Greenwich News Theatre, INTAR, La Mama Experimental Theatre), directora (Duo Theater / Medusa's Revenge) y productora (Medusa's Revenge) de teatro. Obra poética: *Electra, Clitemnestra* (Nueva York-Concepción, Chile: Ediciones del Maitén, 1986); *La extremaunción diaria* (Barcelona: Rondas, 1986); *Ras* (Brooklyn, N.Y.: Medusa, 1987); *Hermana* (Madrid: Betania, 1989*); Hemos llegado a Ilión* (Madrid: Betania, 1992); *Hermana / Sister.* Traducción de Anne Twitty (Coral Gables: La Torre de Papel, 1992); *Liebe* (Coral Gables: La Torre de Papel, 1993).

Recibió el Premio de Poesía de la Revista *Lyra* en 1988, la Beca «Oscar B. Cintas» de creación literaria en 1990-1991, y el Premio de Poesía Latina 1992 otorgado a su libro *Hermana* por el Instituto de Escritores Latinoamericanos de Nueva York. Su poesía ha sido incluida en las antologías *Poetas cubanas en Nueva York / Cuban Poets in New York* (Madrid: Betania, 1991) y *Poesía cubana: la isla entera* (Madrid: Betania, 1995).

Soy una expresionista tardía.

MAGALI ALABAU

El maquillaje chorrea como la sangre en el Monte de
[Getsemaní
Para ponerme la máscara indispensable y pugilista
hay que encuadrarse delante del espejo,
mirar la luz y verse con reto.
El ómnibus se oye, desde adentro suena arcoiris enco-
[petado.
El prisionero se pone la máscara de todas las mañanas.
El avión pasa.
Inercia de inodoro en el baño

espera que se seque la tábula rasa untada de heces
[blancas,
reparada por un señor llamado Pancake Max Factor.
El pomo de listerine verde,
la pasta, los grifos del agua sucia
El jabón, la tijera y las pinzas
Rosado lavabo
mis encías, las canas yacen cortadas.
El cepillo, la piel de arena se unta de óleo.
El acto bendito de la mañana
Untarse de óleo, glicerina sagrada
Pan nuestro de cada día en esta casa
Papel de inodoro el pan, la eucaristía.
El vino, antiséptico rojo, determinante masterpint de
El bautismo, la ducha dada.   [listermint.
Ir al trabajo, ir a construir las pirámides verdes
que el viento sopla mientras más esclavos.
La inercia me hace poner cara en el hoyo del lavabo.
Guillotina de agua: despiértame.
Mirando el inodoro el agua corre.
Como Sísifo, como Sísifo andando.
No hay reloj. No hay tiempo para los ojos tiesos.
No hay grito ni protesta
no hay sangre en las venas
veinte años ha sido la condena.
Las ojeras dejo en el espejo.
Muestran la noche próxima. Acuerdan el sarcasmo
Los labios son dos hojas de laurel amarillo.
Los dientes apenas lavados gritan
amargo tiempo
sonrisa
El manicomio espera
La cocina sólo tiene café
La puerta aguanta el chorro negro de entusiasmo ul-
[cerado

El café, un tren necesario
Hervidero de pensamientos se hacen enseguida
al tragar el fango prieto,
emisario que grita hay que ir, hay que ir al trabajo.
Las ventanas están cerradas. Los autos pasando.
Qué bueno que las sábanas me atraparan el cuerpo
si pudieran caminar, si pudieran aguantarme
Si pudieran ser una camisa de fuerza a mi esperanza.
Qué bueno sería ir enterrada en un ataúd
y exponerme dentro del tren
ser escoltada por los Angeles Guardianes.
Pero no, todo está sin vida
y como Dios, ausente.

———

Tengo miedo
de las acciones y los puntos
y de las pausas
y de mis preguntas
y de contestarme
y un paso que se corta
sudo
cuando no puedo
y no puedo ya nunca
y hasta cuándo
y hasta cuándo
y la diligencia que no acaba
y que se esfuma
y que vuelve y que se esconde y que miente
y que me confunde
y que no puedo decir ay
y que no puedo decir ay
y que no puedo decir ay
y que no puedo hablar
ni llorar

ni gritar
ni decir
una oración, si pudiera
una palabra
una sílaba
Si pudiera aunque fuera
ronca, partida
en sonidos decir no no no no

(La extremaunción diaria)

Poema 2

El agua callada ladra
quietamente,
los ojos, serenos guardas, vigilan
soledades errantes.
Un perro husmea la nieve dura y seca.

Poema 4

Ciudades levantadas de alabastro,
sortilegio de sol enterrado entre llamas,
escribir una línea de angustia,
comenzar con la mano callada,
arremeter hasta la cámara oscura,
respirar, saborear el ácido pico de la nada.

Poema 8

La transfiguración se llama caos.
Después de vivir gravitando en unos planos donde la
tan larga se convirtió en un paso,   [distancia
ya todo está acabado.

Una simple acción,
un gesto escondido, un vórtice virado,
un eclipse lo ha hecho todo irreversible.

Poema 10

Montada en soplidos de agua fresca
olvido que es la roca quien afianza.
Me dejo engañar creyendo que esa agua suave,
blanca, espuma fresca, es sólida
Lanzo estertores, grito que no,
estrujo las manos aún húmedas en la roca
sangro.

Poema 13

Desgajados los ojos
chorrean de lo gris lo blanco.
La ventana es un vaso rectangular
donde nada un papel con palabras.
Las manos deslizándose sobre la superficie lisa
una ofrenda al tiempo.
Los ojos desgajados mirando la ventana
convierten todo en blanco.
Viajes al papel sin líneas,
austero el día de palabras cuajadas.
Melancolía es lo gris chorreando blanco.

Poema 15

Mi voz tiene que hacerse gota,
no perderse.

Tiene que dividirse en suaves líneas
exhaustas de exactitud.
Cuando acostada contemplo a mi izquierda
y muy cerca un objeto que se magnifica,
su mundo se sumerge
y pierdo lo que soy.
No, con la mano o con los pies
desharé los ilusorios cráteres,
descenderé al infierno,
no importa lo que encuentre.

Poema 34

El sueño recurrente.
Llego a la isla.
Un valle de mar rodeado por un muelle
Oscuro el amanecer
Un avión aterriza
y deambulo buscando.
Hay que montarse al avión.
Se va.
Busco a alguien
no sé a quién
El mar
El avión arranca.
Aterrada lo miro
Sola en la isla, en un muelle

(*Ras*)

MAYA ISLAS (Caibarién, 1947). Obra poética: *Sola Desnuda Sin Nombre* (Nueva York: Mensaje, 1974); *Sombras-Papel* (Barcelona: Rondas, 1978); *Altazora acompañando a Vicente* (Madrid: Betania, 1989); *Merla* (Madrid: Betania, 1991); *Lifting the Tempest at Breakfast*, libro en la red (www.1stBooks.com) 1st BookLibrary. Indiana, 2001.

Recibió el Premio Carabela de Plata de Barcelona, por su poema «Palabras del ave», 1978. Finalista del Premio Letras de Oro de la Universidad de Miami por su libro *Altazora*, 1986-1987. Finalista del Premio Letras de Oro por su libro «Proyecto Irreversible», 1989-1990. Beca «Oscar B. Cintas» de creación literaria en 1990-1991. Premio de Poesía Latina 1993 otorgado a su libro *Merla*, por el Instituto de Escritores Latinoamericanos de Nueva York.

Su poesía ha sido incluida en las antologías *Poetas cubanos en Nueva York* (Madrid: Betania: 1988); *Poetas cubanas en Nueva York/ Cuban Poets in New York* (Madrid: Betania, 1991); *Poesía cubana: la isla entera* (Madrid: Betania, 1995); *Daughters of the Fifth Sun, Latina Poetry* (Nueva York: Putnam, 1996); *The Arc of Love* (Nueva York: Scribner, 1996); *Floricanto Si, Latina Poetry* (Nueva York: Putnam, 1997); *Al Fin del Siglo: 20 Poetas* (Nueva York: Ollantay Press, 1999); *Entre Rascacielos/Amidst Skyscrapers* (Ecuador: La Casa de la Cultura Ecuatoriana, 2000).

Ha colaborado en proyectos de multimedia que incluyen fotografía, música, danza y poesía con destacados artistas visuales, entre los que se encuentran Prinny Alivi, Celia Fernández y Luz María Gordillo.

Mi trabajo poético explora lo visual y el intercambio de ideas a través de trabajos artísticos de colaboración: fotografía/poema; danza/poema. También he usado el collage y el texto poético como expresión personal. He basado mi poesía en las imágenes, desnudando los poemas de todo concepto realista, moviéndolos hacia el mundo de los símbolos y las metáforas. Mi poesía puede ser pintada. Mi poética se acerca a la experiencia de la vida a través de un camino simbólico, mitológico y a veces, surrealista. Percibo que los arquetipos femeninos son el origen de un poder profundo en la expresión de los poemas.

MAYA ISLAS

De la serie de Chelo

#1

Para encontrar mi voz,
quito el miedo de mis ojos
y los deposito en la inocencia.
Es ahí... detrás de la niñez,
donde se encuentra el corazón
consagrado a la pasión de ser;
La imagen diluida de una bondad que crece
alumbrando una **ciudad** imaginaria.
Cuando dejamos caer el gesto,
este es un acto de fe ante el universo;
la dulzura es una danza en el templo que se mueve,
                    sin creyentes,
                    hacia lo inefable.
El alma de dos vidas se desliza en tu papel,
descubre el misterio de las cosas
agazapado dentro de criaturas que construyen su li-
con palabras que no dicen.   [bertad
Tu ojo toca el lente intachable,
mi poema se escondió en tu poema
como piernas que se amaron,
diluyendo nuestro viaje entre dos caras.

#2

De la serie de María José

I
La cama

No estoy segura si mi corazón está listo
para extraer la rápida memoria de la realidad:

una cama,
que sostiene mis piernas, como un árbol sus ramas,
cae en magnífico silencio.
Entro en la **ciudad** pretendiendo que no sé nada;
la entidad que amo soy yo misma,
mis impulsos se oyen en los oídos de los otros,
alguien desde afuera
    me enseña el tamaño de las paredes donde habito
como flor en búcaro, mirando al tiempo.

Mis pensamientos se mueven como gente enamorada,
y saboreo
    el triunfo repentino de levantarme, como el Sol,
detrás de las montañas,
y unida al fuego que ha querido explicarme
                  las canciones que no conozco.

#3

II
El bar

La **ciudad** esta vacía.

La **ciudad** no dice a quien pertenece;
por lo tanto,
esperaré como Godot, por nadie.

Detrás del vaso está la llave de mi salvación.
Mejor que una oración,
escapo al toque interminable de las brujas,
uniendo el sonido interior de las neuronas
que luchan contra el invasor.

54

Un amor español aparece en mis sueños.
El hombre es real porque me da la oportunidad
             de romper los espejos;
mi cigarro es el amigo horizontal que me convierte
             en todas las cosas que no soy.

Analizo la calidad de mi piel
cuando pretende que nada está pasando,
pero,
             estoy vacía.
Como **la ciudad**, no digo a quien pertenezco;
cruzo el desierto,   .
             tengan paciencia.

III
El campo

¿Quién está ahí esperando por mi mirada
como una abeja busca la abundancia del espacio
donde aletear las alas y desatar su libertad?

Nadie sabe.

Pero sin duda, la región es especial,
porque las líneas de esta tierra
me llevan con pasos geométricos
hasta el centro de una percepción.
Y es que,
sola, con mi cuerpo,
me siento como si hubiera fundado la teoría del alma,
investigando cavernas donde esconder
la pasión extendida que siento por la vida.

Mi casa es una metáfora:
Ventanas,
entradas,
miradas hacia adentro,
ciudades que atraviesan las paredes
para el ritual que sobrevive
una noche inundada de luz.

Nadie sabe.

#5

IV
La mujer

Nadie lo notó.
Yo no contesté.

Conocer el **YO** no es un oficio fácil.
Mi cara posee una pieza de mí misma,
un puente entre dos **ciudades.**

Flotando y flexible,
me convierto en el tema de unos ojos
que desde el futuro miran para descifrar el golpe.
Ahora,
        conozco la rajadura exacta
a través de la cual escapo,
cuando no hay nada más que hacer
que detener la vida como hacen las estatuas.

El gesto en sí mismo
me empuja hacia el océano
que nadie puede ver.

De la serie Alma y Cristina

I
Alma

Transparente a pesar de la materia,
me asimilo a la red con una santidad particular;
soy una firme creyente
de que hay dos movimientos para visitar la vida,
y el trayecto a pie es lo apropiado.

Mientras verifico estas sensaciones,
me acomodo en la línea vertical
que me espera al final del túnel,
aunque el tren,
con su imagen rápida,
prohiba los pecados de la imaginación.

La maestría de mi curiosidad resolverá mi libertad
moviéndome de un lado de mi cuerpo
                              hacia otro cuerpo.

II
Cristina

Mi poder termina debajo de las pestañas,
y tú,
        medio viva,
mantienes los ojos lejos de las tijeras.

No hay secretos,
excepto por mis piernas desmayadas
y los ombligos ocultos dentro de la **ciudad;**
                              el borde de mis manos
se mueve hacia una tierra cuadrada
Porque ya sé que tú eres el principio de un número,
el juego cabalístico sobre mis senos,
que como árboles,
están pensando en la llegada de la primavera.

Ya ves,
     tengo un memorandum de caras
              vigilando las paredes que respiran
              porque saben que está al llegar
              una tempestad vacía.

Mi existencia se mueve hacia tu ritmo,
Pero por cuanto tiempo,
                              No sé.

#8
De la serie María José

V
Desintegración

Siento la verticalidad de un animal sin nombre
que cohabita dentro de mí
buscando un lugar para Ser.

Mis formas son exquisitas,
y un momento de bondad

58

me ha permitido reclamar el techo
para hacer lo que quiero.

Pensé que la secuencia de la vida
indicaba lo opuesto:
> Hoy, estoy aquí;
> dentro de un año,
existiré dentro de una palabra
o debajo de tu corazón en papel púrpura.

En este momento trágico
de sobrevivir como una pieza de arte,
me parece que ya entiendo
el murmullo del fantasma
cuando se convierte en hombre.

La **ciudad** cae como agua sobre la realidad.

#9
De la Serie Alma y Cristina

III
La reunión

Observando la reunión desde afuera
me recuerda el hundimiento del **Titanic**;
quiero decir,
> lo rápido que desaparece una realidad.

Además, porque **Rose** dijo en la película que:
«el corazón de una mujer contiene profundos secretos.»

Yo no sé si este juego de palabras como «profundo»
significa un espacio en el agua,
o la distancia que se encuentra detras del corazón,
aunque es divertido esconder el placer de la carne
dentro de una fotografía de amor,

sin decir nada.

Es esta historia,
    saltar al mar entre dos cuerpos
es moverse por una línea divina,
que aunque se define,
      se hunde.

(*La luna en Capricornio,* inédito)

MARIA ELENA BLANCO (La Habana, 1947). Obra poética: *Posesión por pérdida* (Sevilla: Barro, 1990); y *Corazón sobre la tierra/tierra en los Ojos* (poesía, prosas cortas) (Matanzas: Vigía, 1998).

Fue finalista del Premio Barro de Poesía de Sevilla con *Posesión por pérdida* (1990) y en 1996 recibió el premio La Porte des Poètes en París por los poemas que aparecen incluidos en *Corazón sobre la tierra/tierra en los Ojos.*

Sus poemas, ensayos y traducciones de poesía han aparecido en antologías y publicaciones de América y Europa, como *La Revista del Vigía* (Matanzas, Cuba), *Crítica* (México), *Encuentro de la Cultura Cubana* (Madrid), *Kolik* (Viena), *América* (París), entre otras. Entre sus libros de ensayo se encuentra *Asedios al texto literario* (Madrid: Betania, 1999).

Mi poesía es tal vez enigmática, pero no es hermética: sugiere el misterio de nuestra condición, intenta señalar la apariencia y su revés, el reverso, lo oscuro. Me interesa una poesía que revele el ritmo interior del hablante, la pulsación del deseo, que es siempre diversa e inesperada, que desentierre palabras olvidadas o reprimidas que, una vez despertadas por el proceso poético, insisten en salir a toda costa.

Siento cada poema como un reto precioso y preciso. Hubo a veces mucho más: lo no dicho es siempre infinitamente más que lo dicho. Pero lo que cuenta en definitiva es el poema, ese reto que por algo sobrevive —es decir, vive más, le sobre vida— porque en él ningún elemento es gratuito, siendo a la vez puro azar que en cuanto cuaja, o encaja, se convierte en pura necesidad.

La poesía, como todo lenguaje, es a la vez ofrenda y demanda. Entre esos dos tiempos hay un no tiempo: el de la escritura. La lectura se sitúa en un tiempo posterior, virtual: tiempo logofágico, escatológico, tiempo a la vez innecesario, ardientemente deseado, indispensable. ¿Por quién, para quién?

MARÍA ELENA BLANCO

Desnudo azul de espaldas

DÍPTICO

I

Desnudo azul de espaldas

Contra la roca al vivo la línea sinuosa de la espalda,
el hombro sonrosado, la melena.
Un pecho duro la enmarca a cada lado.
Más arriba la pelvis se yergue coronada en ofrenda al
ambiguo pedestal del horizonte   [coloso:
sobre el violado mar.

Más ágiles, más bellos que las cabras en vuelo hacia el
                                                    [olimpo
los torsos superpuestos entre acrílico azul y verde mirto:
atleta o guerrero él ya irradiando futuro,
ella clara presencia, ventura de la luz,
apoderada,
sin siquiera la voz la invita la palabra.

A poro florecido y sangre en ascuas, ponderada tan-
¿Ese todo de goce será un solo?   [gencia, leve brisa.
¿La vastedad del otro, otro río?
¿Qué saeta se eleva mortal ante la vista
y siega en un abismo su albo prístino cielo?
A destiempo la honda del deseo.

Piensa en los cuerpos calcinados de Pompeya, tensados
en un gesto sin límite.
El cuero casi cúpreo espera humedecido bajo el cho-
que la mirada muda del coloso   [rro de luz

surque el aire y se pierda
sombreada de columnas.

II

Vuelta

Insólito el peso de los pies, la mar de voces,
no como aquella vez peregrinaje o rapto
en la estela del amor.
Vibra alegre en sordina la radio de un muchacho: testigo
e iniciado
a un ajeno hallazgo intransitivo.

Son ahora sus miembros aceitados que prisman el
                                                    [espacio
con pujante impudor. Los amantes se han ido,
se han multiplicado la maleza y las moscas.
En el claro de roca sólo quedan
restos de otros almuerzos, y un naufragio
en la sima de Tiberio:

galardón oxidado, cumplimiento cabal de haber hur-
en la fiel arquitectura y bien hallado: [gado
trayectoria de espuma, escollo de aire,
serena gracia y sola, y el poema
pasión, marco, memoria.

Sólo el mirto, sólo estos geranios y la vista rugosa de
                                                    [la piedra

y la cara espejeante del mar:
su rumor lejano, tan lejano, que hoy es casi mudo

en esta tarde hermosa
perfecta ala redoble de campanas de la antigua cartuja
en esta tarde que agradezco
que debo que me falta
que me ha sido robada
que devuelvo.

(Posesión por pérdida)

La noche

....

The summer demands and takes away too much,
But night, the reserved, the reticent, gives
more than it takes.

JOHN ASHBERY

La noche habanera huele a nupcias, a líquenes.
La tierra húmeda se chupa los tacones
y hace chirriar las suelas.
Copa de índigo, el mar
invade el aire con sabor a semen,
arde en el sigilo de la brisa insular.

En la Rampa la noche es la radiografía del deseo.
Viste a la mujer de transparencias,
enciende las pupilas de los hombres.
Echa candela por cada bocacalle
la noche serpentina
de El Vedado.

Por la noche La Víbora es de un negror tupido,
ese que sobrecoge de un portal a otro, el que propicia
las sorpresas,

los encuentros furtivos:
noche de cachumbambé
obnubilada por algún neón.

Cerca de la Muralla se escurre entre las grietas
ebria y sola, sobre la piedra gris y el claroscuro
de farol y penumbra,
la noche insomne de los marineros.
Deambula desde el puerto y vomita
un vaho de sal que sube por los muelles.

La noche alba de Regla difumina las casas, la lanchita.
Dos perros hechizados copulan en la línea del tren.
Se oye un tambor. Las almas
de unos estibadores cuidan *los Aparatos*
y por *Patilarga* vuelven
con los ojos en blanco.

De Guanabo es la noche verde de las ranas.
Esconde sus tesoros entre la hierba, en el escalofrío
de la arena, en los bares
extraños. Las cigarras, los grillos,
los mosquitos tampoco dejan dormir.
Noche azorada de la playa.
                    Costa ilimitada de la noche.

Habaneras

II

el sillón, el luto eterno, la risa,
las uñas metidas en la tierra
o el fango
señora de traspatio y gallinas,

señora del jardín,
o en la alquimia de una gastronomía
acuosa (sopa de arroz, sopa de pescado)
pastosa (tamal en cazuela, harina de maíz)
untuosa (buñuelos, torrejas, quimbombó)
grasosa (frituritas de todo: bacalao o yuca)
o crujiente (merengues, mariquitas, chicharrones de
o, pulcra, entre madejas e hilos   [viento)
obra de tejido o bordado, canastilla o crochet,
y antes entre cuadernos
dedos aún no deformes jugando con las letras
en el alba distante del siglo,
de unas vidas (Dominica, Ernestina y cuántas otras
cuyo nombre ya olvido),
de esta propia vida,
conformando las sílabas ajenas,
estas sílabas
que por siempre habrán nacido de ella
u otras, las del arrullo, las de la adivinanza,
las del canto a la antigua con voz de gallo:
Martí no debió de morir
entona una maestra joven que cabalga
las diez leguas a Alquízar por una guardarraya
a la luz de la aurora—
ubérrima Urania,
mariposa silvestre
cubana.

Quimera

no se habló nunca más de la ciudad
el padre la enterró viva lustros antes de que desfalle-
todas sus casas al unísono   [cieran

y un polvillo de cal y de pigmentos acres entró por el
haciendo estragos en la imagen   [ojo taladrado
añicos las palabras

alguna vez de pronto resurgía trocando sus volúmenes
en la caricia pendular de un barco o una senda entre
por la que se buscaba a alguien   [dunas
a una abuela extraviada por ejemplo
o en cuartos de penumbra con persianas en ascuas
y puertas invisibles

(afuera la canícula imitaba las granadas maduras)

y el nuevo hogar/hotel de solitarios/un nido de pieles
de cebolla
                          transparencia de ópalo que éramos
expuestos y encerrados en el cáliz de sangre:
cada cual a beber el zumo destilado del sueño
cada cual a sortear su novatada en el foro
cada cual a estrenar sus fieras nupcias con la noche

o bien la divisaba agónica flotando a la deriva
zurcida por tenue hilo de luz a otros fragmentos de isla
y en cierto ocaso me fulminó de lejos cual circe envejecida
cuando aspiraba al alba el aire tropical en lo alto
de una terraza de aeropuerto

(desde entonces he tenido y perdido muchas casas)

la he vuelto a ver de cerca
la he mirado a los ojos
pero al girar la espalda hasta una nueva cita
indeleble su memoria en mi cuerpo
no quedó ni una huella de mí sobre su suelo

no se grabó mi nombre
nadie aguarda mi voz.

Casas de agua

1. [celimar]

la certeza del mar a sus espaldas
diseñó su perfil

la niña solitaria tiende un cerco obsesivo
a cada esquina

la acosa desde el parque o la grama

olvida alada el miedo y la hora
hasta que la despierta el aire de la tarde

veloz como si la espantara un hado
pedalea hacia el mar

2. [güira de melena/cajío]

en una
el joven trémolo lamentaba la suerte
de los reyes de Francia
arrancaba mazurkas al piano castigado

yo lo oía

        en la otra
el joven con el torso desnudo

aprestaba los botes y las artes de pesca
reunía a los hombres

él se iba con ellos

luego al baño de mar en ese caldo sucio
convocado por la tía o la abuela
o las tías abuelas

¿y dónde estaba ella?

límpida agua de lágrimas y fango
señoreaban por la piel de la niña

3. [la víbora]

en esos climas los baños de azulejos
son un témpano verde
una pesadilla gótica

la loca fantasía tirita
entre el pudor
y el champú en los ojos

por la ventana alta
la flor del flamboyán
seduce a los insectos que vienen a morir
entre los dedos de mis pies
bajo la ducha

y reaparecen por la noche
en un grito

4. [*playa albina*]

entre el jarabe negro del canal
y el agüita turquesa
muy lejos de ese mar
te consumiste
orfebre de los sueños
una vez realizado
en esta orilla
tu amor a lo inasible

(Corazón sobre la tierra/tierra en los Ojos)

ALINA GALLIANO (Manzanillo, 1950). Obra poética: *Entre el párpado y la mejilla* (Bogotá, Colombia: Unión de Escritores Colombianos, 1980); *Hasta el presente (poesía casi completa* (Madrid: Betania, 1989); *La geometría de lo incandescente (en fija residencia)* (Coral Gables, Florida: Instituto de Estudios Ibéricos, 1992); *En el vientre del trópico. Cantos Kari-Ocha*. Leídos por Carmina Benguria. Audiocassettes (Philadelphia: Disc Makers, 1993); *En el vientre del trópico*. Prólogo de Carlos Franqui. Grabados de Roberto Estupiñán (Nueva York: Serena Bay Books, 1994).

Premio «Primera Bienal de Barcelona» (Primer finalista), 1979. Premio «Federico García Lorca» del Queens College y el Consulado de España en Nueva York, 1984. Premio «Letras de Oro» por su libro *La geometría de lo incandescente (en fija residencia),* 1990-1991.

Su poesía ha sido incluida en las antologías: *Fiesta del poeta en el centro* (Nueva York: Centro Cultural Cubano, 1977); *Poesía Cubana Contemporánea* (Madrid: Catoblepas,1986); *Americanto* (Buenos Aires: El Editor Latinoamericano, 1988); *Poetas cubanos en Nueva York* (Madrid: Betania, 1988); *Poetas cubanas en Nueva York / Cuban poets in New York* (Madrid: Betania, 1991); *El alba del hombre* (Buenos Aires: El Editor Latinoamericano, 1991); y *Poesía cubana: la isla entera* (Madrid: Betania, 1995).

Para mí en la poesía, el lenguaje tiene que alcanzar brillantez, altitud. El lenguaje se emplea para sutilezas, para liberar y engrandecer la conciencia. Yo parto de esta premisa porque se que todo lo que se piensa se hace factible. El verbo es magia y la poesía es la palabra en su octava superior iluminada, yo la utilizo para despertar estados de conciencia que me permitan trascender e iluminarme como ser pensante. Yo me esfuerzo por escuchar el lenguaje del Alma del Universo en la diversidad de sus sonidos objetivos y subjetivos, es ahí donde para mí el poema cobra forma y cuerpo. No tengo temas favoritos ya que como dije al comienzo de esta nota, yo escucho el lenguaje del Alma del Universo. Entonces de la misma manera que el viento se llena de murmullos, así mi corazón va deletreando el norte, el sur, el este y el oeste de dicho lenguaje, que viaja las fronteras de todo cuanto es vivo.

ALINA GALLIANO

I

Como verbena mi boca
se detiene frente a ella.
Nadie es capaz de conversar
la historia que sin esfuerzo crece
a su secreto de constelaciones.
Quién puede descifrar este gran hábito,
esta manera de encallar el hambre
en la continua furia de los higos;
atómica raíz reconstruyendo el gusto,
desvistiendo presencia entre los dientes.
Y es que cuando te dices,
cuando sin darte cuenta
vas soltando tus risas
desamarrando en pleno todas tus voluntades,
calibrando nocturnos pentagramas,
atmósferas, donde vas preparando
tu doble itinerario,
inexorable arquitectura
con mi yo inagotable,
sin decírtelo, entonces,
te voy prestando rutas
sitios llenos de únicos,
indómitas ciudades
que nacen a mi cuello
sorprendiendo tu espacio,
mapas para países que pre-existen
despiertos en la alcoba de mis manos
esperando que pases del brazo de otras gentes
enloqueciendo el aire,
redescubriendo a posesión la altura
torre de olor que brota,
para ti, de mis dedos;

tiempo donde tus días por ser,
se vocalizan.

IX

Adrenalina en el sabor de mangos, te voy a seducir,
envés de esas ausencias de estarle a los contigos,
abecedario deshabitando el marco de vivir al múltiple.
Quiero encontrar espacios que van a fabricarse:
antiquarium a ritmo de presencias en calles por llegar;
quiero imaginarias tiendas, azules adoquines,
cuartos recopilando encantos a tus pasos;
sitios donde comprar miniaturas, relieves o descuidos
dejados por la huella de tu cuerpo, maravillas de olor
que van permeando sin pensarlo siquiera:
tijeras de marfil, vasos, horquillas, brújulas,
abanicos, cartas, peines, memorias de tu pelo.
Quiero comprar al tiempo cosas tuyas, greguerías,
luces que esperan por nacer, itinerarios de tu piel,
pisapapeles, sombrillas con capricho de tus dedos
redefiniendo aguaceros a libertades de una sola sílaba.
Compraría almohadones que contengan siglas de tu
[dormir
indefinidas zonas donde sabes soñarte la plenitud,
el secreto que mecen los sillones al estrenar tu nuca
o el lenguaje exigente de tu espalda,
cuando cierras los ojos, cuando miras.
Y entregarme de golpe al canistel que vive en tus caderas,
sobre la magia de la lengua abrirte, pulpa dulce,
al júbilo que tiene la saliva: pabellón algebraico
donde habitar alimentando a vértigo orígenes o besos
que como peces rastrean sus querencias polemizando
a irrebatible preferencia los perfiles en peso de tu boca.

XIII

Sienta mi nombre sobre tu labio y haz de tu paladar
tierra propicia donde se multiplique mi apellido.
Llévame a tu cintura, entre tus pechos
como racimo de henna o flor de chipre
pues soy en el recinto de tu gana aceite fino,
extremidad del dedo del corazón cuya medida
guarda la otra extensión de ocultos universos,
el perenne silencio de cuanta línea es pura resonancia
y aún aquello que no es posible retener a imagen,
porque las siete envolturas de mi entraña palpitan
en el noveno pulso del poder, lo que con claridad fija
el centro del momento a su razón de fuerza, de her-
                                                    [mosura.
Frente a ti he venido a soltar mi alegría como un pá-
                                                    [jaro
a decirle a las hebras de tu pelo la otra oscuridad
donde las uvas reproducen diente por diente aquello
                                                    [que se ama,
lo que fuera del tiempo marcha o regresa mensajero
                                                    [de sí,
como una forma de abrazar impregnando la ropa,
movilizando el aire de la casa, ruborizando ventanas
dejando por las calles creaciones sonoras de tus pasos,
kilómetros acercándome a todas las ciudades
donde han quedado conversaciones, carcajadas tuyas,
maneras de dormirle a la vigilia horas, atardeceres,
nocturnas bendiciones, amuletos que ya se saben be-
                                                    [sados por tus besos,
con un deseo tan antiguo como el sabor que habita en
                                                    [el tomillo.

XIV

Se baña frente a mí caldeando los glaciales
confundiéndole al agua territorios, espejos,
sorprendiendo a las piedras su víscera de musgo
y luego se sumerge de lleno con mis ojos
fabricando sin prisa una estación de lluvia,
un lugar de monzones al Océano Indigo que habita mi
[deseo,
despertando las fauces de la Cobra a su fuego,
devolviendo a las cosas emplumadas su atmósfera,
el orden de sus cielos, la alegría delirante;
porque vienen al mundo destinatarios, remanentes
maneras de su andar afilando el momento,   [suyos,
destrezas milagrosas convirtiendo segundos en frutos
o acaso en novedosas semillas como perlas,
mercaderías, magias que llegan de lo súbito
para aderezar el gusto de una boca exquisita;
tributo, maravilla con que pagar a su rodilla un roce
apresando el peligro perfecto de sus dedos
la privada elocuencia donde existen países,
consonantes de cartas que esperan ser escritas o pen-
[sadas;
aturdiendo a los libros: comas, pronunciaciones, adje-
[tivos, artículos
efervescencias únicas reorganizando pronombres al papel,
instantáneas voraces del júbilo que vive entre su puño,
lo mismo que un halcón, seguro de su presa.

XVIII

Lencería avanza por su cuerpo mi boca vistiéndola de
[gala,

75

saliva, encaje fino moviéndose de acuerdo con sus ne-
[cesidades.
Lila antigua, textura, artesanía en gótico enamorando
[el acto de querer
si le exploro punta de lengua el arco de las cejas, las
[pestañas;
esquina en arte vivo para pulsar el aire de su garganta
/en sílaba de sola voz al pecho
iniciando otra rara cadencia a los arpegios entre sus
[coyunturas.
Las cosas donde duermo me traen noticias suyas:
me cuentan de sus días, hablan de su figura,
murmuran los caminos que tienen sus enaguas
las vueltas o caídas del refajo a sus hombros, como
[una letanía,
reminiscencias, magias naciendo en sus costillas,
/apuntalando a furia delirios en sus senos.
Cuando ella, despertante criatura se despierta a su
[mansión del ocio,
la ya mirada entonces, la que todo lo ha visto
se ve observada a vértigo detrás de mi pupila
y como vez primera se atreve en ella misma, en mí se
[reconoce.
Quién sabría quererla cuando se dice mía,
cuando todas sus noches, las que ella se regala
fuera de mí o conmigo, residen en tres letras;
quién puede sostenerla patente en exclusiva, centro de
[sus continuos
si para su aventura de volar, de ser águila
soy posesión a espacio, cambio en su travesía,
voluntad sin reverso manifestando el doble secreto
[que la vive.

XIX

El tiempo donde ella resuelta se regala
dentro de mí despierta diluvio de lenguaje borrando
[las ausencias.
A veces voy pensándola albaricoque a filo de plata
[con mi hambre
y apetito al seguro voy abriéndole excesos de calidad
[perenne
cuando despacio enmarco palma de mano, espalda a
[verbo electrizante
preferencias, favores conquistando a su almohada el
[cabezal de un reino.
Indefinidamente hay costumbres que en ella van cam-
[biando ventanas,
ordenando a su espejo litorales de abrazos,
vitrificando noches de serenata al cuerpo
perfilando la ojera, deslumbrando razones,
escribiéndose a texto de su ombligo rapsodia,
brujería de otra magia robándole a la línea de su ten-
[sión desvelos.
Piel de sus voluntades mi vida cobra entonces detalles
[a misterio
evidencia en pretérito perfecto con mis dientes
nácar en contra nácar si el botón de su blusa se atre-
[ve a enfrentamientos
demandándose a precio de deseo con mi antojo;
pasaporte sin fecha de vencimiento, lengua a su boca
[en vivo visito las encías,
país donde se pueden comprar memorabilias al sabor,
arrebatos, porcelana de besos despertando en un roce
[su fuerza al meridiano
convocando la audacia de su pasión a centro de dere-
[cho en mis dedos.

(Inevitable sílaba, inédito)

XVII

Dentro de mí navego a tu silencio
y náutica en mi hacer
trazo mi viaje
por impensadas rutas
de un interno horizonte que es posible
en longitud central de la pupila:
mar abierto, para una creación que no termina.
Te escucho con las yemas de mis dedos
aprendo a deletrearte entre mis venas
oráculo de sangre donde puedo
conversarte detrás de los sonidos;
cincuenta y dos fusiones que no saben
pronunciarte del todo
y mucho menos contenerte
en las voces de sus letras.
Te reconozco a veces
clandestino sabor
que entre los higos, desconcierta,
el comestible círculo de las naranjas
la musical endecha de los mangos
o la corteza de los albaricoques
cuando están listos para ser mordidos
de una pereza medieval que a ratos
neutraliza la furia de los labios
y los transforma
a un ritmo de besar insospechado;
labio y semilla copulando vértigos,
todo un retablo al paladar
un complejo equilibrio de saliva
reproduciendo frutales laberintos
tan abrazantemente naturales,
tan seguros de sí,

que hasta pudiesen
parir todo el color que habitan los membrillos,
la intercambiable línea de la pulpa,
su verbo en singular
que sobre el pecho;
igual que una memoria
se produce.

XXIII

Soy la moldura de un vivir que crece
su más directo rostro con el pecho
a un tajante número en su cero,
porque me reconozco y reconocen
desconocido cálculo a cantidad o tiempo.
Voz que obstinadamente repartida avanza
la alucinante cábala del cuerpo
a una razón de espliego, que en su perfume,
podría deletrear detrás de todo azul, la vena.
Inevitable claridad trastornando
la seda a los espacios de una boca
que sin un modo de querer camina
fuera de sí la longitud y el gesto,
a una consciencia inacabable, líquida;
insomne borde sosteniendo en doble
la maestría de la curva, el ímpetu.
Soy esa lentitud que cubre el ojo
y lo regresa a su origen pineal;
geográfico mihrab donde es posible
comenzar en el nicho de una espalda
la nocturna plegaria a su imprevisto
de sagrada escritura contra el cuello
hasta sentir la tempestad en diálogo

entretener el punto ciego, la cornea del jaguar:
ese equilibrio que nos permite
de igual a igual, mirarnos con su fuerza.

(*El Libro*, inédito)

ELENA TAMARGO (La Habana,1957). Poeta, traductora de alemán, ensayista y académica. Obra poética: *Lluvia de rocío* (La Habana: Universidad de La Habana, 1985); *Sobre un papel mis trenos* (La Habana: UNEAC, 1989); *Habana tú.* Ilustrado por Roney Fundora (México D.F.: Dos Aguas, 2000).

Recibió el «Premio Nacional de Poesía» de la Universidad de La Habana por *Lluvia de rocío* en 1984 y el Premio Nacional de Poesía de Cuba «Julián del Casal», de la Unión de Escritores y Artistas de Cuba por *Sobre un papel mis trenos* en 1987.

Su obra ha sido antalogada en Cuba e Hispanoamérica, y traducida al ruso y al alemán. También es autora de *Juan Gelman: Poesía de sombra de la memoria* (México, D.F.: Universidad Iberoamericana, 2000).

La poesía es registro de la memoria.

ELENA TAMARGO

Habana Tú

Y hoy está crecido el mar
no es que la marea suba por un hecho natural
es que llora Yemayá

JUAN FORMELL

De niña, entre las grietas de la tierra
buscaba en ti mi aurora
a semejanza mía, a semejanza tuya
cuerpo oscuro y esbelto de mi sueño.
Puras ante la espera las imágenes

emisarias de la tarde que caía
pegada a su horizonte.
Tenías en secreto tu espigón de metales
inclinada en tu borde busco el ancla perdida
te busco en el regreso, estás llena de pájaros
vuelve a secar tus manos y cuéntamelo todo.
Era esto el abandono y lo sabías.
Óyeme estos lamentos que me salen ardiendo
yo sólo te deseo,
la sombra de aquel tiempo en ti misma entrevista
con inútil ternura
y tú me dabas fuerza
rendida y dócil como el mar sabe serlo.
Aquel concilio que tantos han cantado
sin una urgencia propia como ésta de este instante.
Tampoco fue tu culpa si no les comprendiste la amar-
faltándoles la leche y el abrigo   [gura
te lo dieron todo, vida que no pedías

Sincopada o fuera de tiempo

Todos los días se matan en La Habana
dos millones de gatos y quinientos caballos.
Quinientas yeguas solas sostienen el rencor de su dureza
se abrazan
en la pira arrogante del león babilónico.
Trasgos de sangre suspenden el azul y el animal del
se agota.   trópico
Diez millones de vacas ya murieron
tres mil palomas agonizan
y el olor de los lirios se deslíe
en un prurito de ácidas hormigas.
Los ciudadanos temblando se repliegan

a construir el escenario de la nada
si no quedan caballos ni lenguas ni jazmines
si los trenes de leche detuvieron su paso
donde cantaba la belleza
y ahora se escuchan los terribles quejidos de las vacas
si los lirios, los gatos, las palomas
son animales muertos.
Pero yo no he venido a ver el cielo
cómo voy a ordenar pedazos de paisajes
ordenar los amores que son fotografías
y luego tambor tosco, bocanada de sangre.
Ay, voz lejana
ay, voz de la sordera
estás aquí bebiendo mi humor de niña muerta
quiero llorar mi talco, como lloran las niñas
porque yo no soy ni mujer ni poeta ni azucena
soy el agua y el vino y el aceite
una llaga tal vez que debe al fuego
y me andan buscando.

Compás de espera

Mi pasado está invadido
y lloro lentamente.
Me ha llenado de miedo una noche en el Neva
me ha llenado de fe una tarde en Bakú.
Se quedó Samarcanda como alguna promesa
y la calle de Arbat para soñar a Eszenin
siempre, siempre.
Erré como torcaz
aplastada en la calle por un caballo ciego.
Me dan miedo mi pueblo y sus hombres
mientras Jesús del Monte se derrumba en silencio.

Una ciudad de espejos y banderas
y su empinada ronda de tenores.
Yo regreso a mis pájaros
al pequeño amarillo que no canta.
Ya no tengo balcón ni noches junto al mar
y otra campana traza mis compases de espera.
Estorbo como estorban los almendros
y en el farol se queman algunas mariposas.
Ciudad y almendro y yo
ay, qué desgracia.

Estruendo en melodía

La suma de tus fugas
la más clemente usura de los años
la plenitud en ruinas
contra la infamia y la voracidad.
Tus pruebas de virtud,
la perfección que aún queda en tu proyecto.
Un derrame de vacas cuesta abajo
un abismo los años,
estruendo en melodía
que envejecen tu traje, tus urgencias
de un modo muy cortés.
Las lianas te enredaron
en una filigrana que parecía follaje.
Tu patria temblorosa se tornó impersonal
con su mesa doméstica,
desamparados todos, todos desparramados
en sollozos postreros.
Desatas el conflicto y te suavizas
en una partitura de danzón.
Pero te vas y vuelves al comienzo

como una enredadera de ti mismo,
mientras al fondo es Bach
el que se fuga.

Habanera Yo

Soy otra vez muchacha en el invierno
y nadie me regala una gardenia.
Pero al regreso de mis lunas
ahíjo taciturna del fondo de la calle
casi feliz, aletargada
bajo esta piedra roja.
Retozo como un campo de caña florecido
es la herencia adecuada de una mujer despierta
un sueño desprendido del cuerpo que lo ha usado.
Los lirios de Rosita
mis únicos testigos
esperan la lechuza
en el silencio mío del oeste.
Vuelvo en la medianoche de este invierno
acércate a escuchar mi tambor y mi oboe
acércate con riesgo de hechizarme.
Ciudad, ciudad
no mates mi manía de ser bella
de pasearme desnuda y cepillarme el pelo.
Ciudad con pajaritos y cisternas
el probable lugar donde acabó una historia.
Ay, mi ciudad
mi pasto
mi sitio recurrente
a la hora en que duermen las palomas.
Ciudad que has bendecido mis vigilias
arrástrame hacia el mar

sin farolas ni víctimas
con algas en mi pelo
y en tu pelo sal.

Un diluvio, mi boca

Recuerdo, estuve de pie
y esto,
entonces, se llamaba el Neva.

«El hombre» de MAIAKOVSKI

Cómo fue que no pude besarte en ese río.
Yo me jactaba de tener los labios disponibles
la lengua acorralada en un rincón
y el corazón otra cadena.
Yo llevaba un cartel a la orilla del Neva
«Bésenme, si quieren»
Nunca llegaste a tiempo para probar mi boca
quien me haya besado
dirá si hay algo más dulce que mi saliva
y mojada en ella
está mi lengua roja...*
Envuelta en la sotana del diluvio
Yo regresaba todas las mañanas a la orilla
entregué arrodillada mi corona
toqué el agua sagrada y quedé fría
tu nombre será el último que yo pronunciaré
cambiaré de matiz cuando vuelva a ese río
ya no seré una nube ni llevaré letreros
mañana olvidarás que yo te he coronado
pero en el Neva un día
sabrás si algo es más dulce
que mi saliva, espléndida.

_____
    *   Vladimir Maiakovski.

Fragmentos de La Habana

Pensar, robar, gozar
todo un único espasmo.
Arpegia y pica, Lázaro.
Salta de los tejados cuando nadie te vea
y muestra el interior de la sonata.
Aquella criatura desenfrenó la nada.
Es la maldad tan natural lo que te bambolea.
Veo tu insomnio a su manera
veo el disco girar y a los hombres
veo charcos, tranvías
veo enormes pedazos de La Habana.
A los negros los veo
resonando a sus pies el toque de los siglos.
Negros espirituales.
Blanco el mantel del primer desayuno
blanco mi abuelo
blancos en el exilio, desconcertados
borrachos de blancura
blancos los hospitales
negro mi cuerpo en el primer amor.
Llegan las mariposas a confirmar que ardí
y me dejan besando su jadeo
la inútil ceremonia
junto al candil oscuro.

Agridulce

Serías capaz por mí de fabricar ginebra de ciruelas.
He puesto a remojarlas para el próximo viento que me
[quite el vestido.

Tú estarás descubriendo la casulla, tendrás a mano la
                                          [seda al natural
como aquella frescura de tu pecho en La Habana
(si La Habana tuviera memoria)
Templos fueron los cuerpos de nosotros.
Sello el frasco de vidrio del remojo agridulce y lo
de una casa sin puerto   [guardo en el closet
sin remos ni espaldas de remeros,
ésta es la inanición o el equilibrio
las últimas tenazas de nuestra historia activa.

No bebimos cognac a la orilla del mar dando la espal-
                              [da a todo lo que no sería nuestro
—como si aquella agua no fuera transparente—
no rompimos el vaso contra las piedras
ni tuvimos Sajalin, pero aquello también era Sajalin.
Y lamiste mis dedos como si te hubiera arrancado el
                                          [corazón.

Carezca yo de ti y estarán mis muslos humillados.
Estés conmigo tú —patria mía de carne—
¿tuyas son esas voces inmortales?
Vuelve el delirio a mi placenta antigua
entre légamos agrios y
pomada y vendaje
antes que el tiempo expire en un violento abrazo.

Los amantes de La Víbora

Ya no será Venecia ni Antigua ni Tanagra.
Fueron la extraña mina del amor
había rocas
y los besos andaban el camino como venas por su os-
                                          [curidad

y aquel estanque grande
gris y ciego
colgando como un cuadro.
Los pasos de la amante
devoraban las hojas del camino
sin masticar llegaba hambrienta cada lunes
el hombre torturado en manto azul
no sabía de la lira que ella traía sin falta
encajada en la izquierda.
Su oído andaba atrás como un aroma.
La tan amada
que hizo con su lira un fuego de las colchas
hizo formarse un mundo donde todo estuvo nueva-
bosque y valle, jazmín y animal,   [mente
y hasta un cielo de quejas.
La tan amada
le dio la mano al dios
y juntos descubrieron ceibas en el Sena
tuvo un bolso, marrón,
donde quiso guardar los sobresaltos
aunque esto nunca pudo.
La tan amada llevaba el paso limitado
por las vendas largas del sudario.
Estaba en sí
y su haber cruzado puentes
la llenaba como una plenitud
como un fruto de dulce oscuridad.
Estaba en sí
llena de su gran muerte
su sexo estaba cerrado
como los tulipanes al caer la tarde.
El dios tenía que guiarla
ya no era aquella joven pálida
que a veces resonó en cantos de poetas

ya no era una isla.
Ya estaba suelta como sus rizos
y repartida en la raya de un sendero.

La tan amada
intacta de lo bajo entre lo pleno
le preguntaba al dios de cosas olvidadas
y el dios le respondía de cosas imposibles.
Ella quería un piano
mas se fue desnudando
todos los moldes de él se llenaban de ella
mientras tanto, mientras tanto, ay,
mientras tanto
sobre la calle estamos   .
los caballos no están
no sabría decir cuáles son esos otros.

(Habana tú)

ODETTE ALONSO (Santiago de Cuba, 1964). Poeta y narradora. Obra poética: *Enigma de la sed* (Santiago de Cuba: Caserón, 1989); *Historias para el desayuno* (Holguín: Holguín, 1989); *Palabra del que vuelve* (La Habana: Abril, 1996); *Linternas* (Nueva York: Serie La Candelaria, 1997); *Visiones*, prosa poética (México D.F.: NarrArte, 2000); *Insomnios en la noche del espejo* (México: Instituto para la Cultura y las Artes de Quintana Roo, 2000); *Antología poética de Odette Alonso* (México, D.F.: Frente de Afirmación Hispanista 2001). *Linternas* puede ser consultado, en formato electrónico, en la página web de la editorial Letralia (www.letralia.com).

Recibió el Premio de poesía «Punto de Partida» de la Universidad Nacional Autónoma de México (1993) y menciones en el concurso internacional de la revista mexicana *Plural* (poesía, 1993) y en el concurso internacional de cuento «Lourdes Casal» (1996). Premio Internacional de Poesía «Nicolás Guillén» en 1999 por *Insomnios en la noche del espejo*.

Ha sido incluida en antologías de poesía y narrativa, entre las que se encuentran: *Como las huellas de Acahualinca* (Matanzas: Vigía, 1988); *Poesía infiel* (La Habana: Abril, 1989); *Jugando a juegos prohibidos* (La Habana: Letras Cubanas, 1992); *Memorial de las ciudades* (La Habana: Vigía, 1995); *Album de poetisas cubanas* (La Habana: Letras Cubanas, 1997); *Donde termina el cuerpo* (La Habana: Extramuros, 1999); y *Novísima poesía cubana* (Salamanca: Colegio de España, 1999).

La poesía, si bien puede tener su origen en la experiencia más cotidiana, no es su mera repetición ni su reflejo: es una realidad paralela, una suprarrealidad. Para mí la poesía brota como un destello y debe ser una reinvención simbólica y rítmica que trascienda su génesis fáctica para convertirse en un suceso otro, con existencia e interpretaciones propias y nuevas, múltiples.

ODETTE ALONSO

Fábula del aguador
y la ciudad de enfrente

Ella confunde la piel con algún río
y al corazón con la ciudad de enfrente

F.A. Dopico

Ella confunde la piel con un estanque
canta junto a mi oído su vieja melodía.
Yo le traía el agua
vaciaba la botija en sus arenas
mitigaba su sed.
La sed mi corazón en la ciudad de enfrente
un río subterráneo para mis pies cansados.
Yo ganaba su sed
y me iba a buscar frutas al pie de la montaña
para escanciar el néctar sobre sus dientes nuevos.
Un día no volví
al pie de la montaña era el abismo
pozo donde caer agua que hierve.
Ella confunde el corazón con una espera larga
canta junto a la fuente
espera por las aguas que no llegan.
Oh mi ciudad dormida
qué silbido recuerda a las aguas de antaño
qué corriente vendrá de nuevo a tus orillas.

Extraños en la ciudad

Ellos nos vieron con sus ojos de vidrio
algo nos delataba   nos declaraba inmunes
éramos dos extraños en la ciudad neutral   y lo sabían.
Qué podían hacer

las ciudades neutrales son un banco de arena indife-
rente
una llanura virgen.
Nadie levanta su dedo ante el viajero
nadie acusa al que pasa sin dejar una huella.
Ellos nos vieron
así nos desnudamos en todas las paredes
nos sacamos el alma como una tela blanca
y sonreímos.
Qué suerte los extraños en la ciudad neutral
qué suerte el horizonte de breve promontorio.
Así debiera ser la libertad
un desandar las calles y luego el cuerpo amado
sin el ojo pendiente ni la señal de alarma.
La paciencia nos trajo
la paciencia que acaba al medio del domingo.
La paciencia son dos que esperan para amarse
otra ciudad neutral donde nadie los sepa
donde ningún vecino y ninguna ventana
donde todos nos miren con sus ojos de vidrio.

Dedo que no tapa el sol

Una mordida de pantera en lo más mío.

Silvio Rodríguez

Llegamos a la ciudad como a la casa
la casa ajena en la que hemos crecido
debajo de un mantel de poca lumbre.
Aquí vendrán los hijos
los hijos soldaditos y pelotas.
Esta ciudad les dará el pan y la inocencia
les dará la pupila y la mordaza

los hará grandes y heroicos y eternos.
Ésta será la casa y la ciudad de su mirada
aquí será el rugido del mar que entra en el mar
y la cortina verde de agua sobre la espuma.
Cambiar no es esperanza florida y sonriente
el salitre también ha cambiado mis huesos
y el mar va entrando en mí como un rugido.
Y aquí vendrán los hijos
ésta será la casa y la ciudad de su mirada
éstas las letras y el pasado que les toque
nosotros
para decirles verdades al oído   y que no las repitan.
No van a ser turistas ni fantoches
me da miedo el arpón que les anuncia
me da miedo que se pudran de solos y arponeados.
No van a ser felices.
Que no lleguen.

Linternas

Hoja que marca el curso de la noche
el filo de una esquina traicionera
vendedora de historias trashumantes
disueltas en la bruma.
Nadie pasa a través de la muralla
nadie espera ya el soplo de la brisa
a las cinco de la tarde.
La arena te ha poblado los recuerdos
devuelve el bofetón de los alisios
enciende la linterna.
Ayer éramos más
un ejército de desesperanzados
cómplices de la noche

alcohol en el Paseo y 23
ramas absurdas y árboles caídos   ebrios también
desencantados.
Ayer éramos niños
de milagro escondido en los bolsillos
y canción recitada como un himno.
Ayer pintamos muros o creímos hacerlo
escribimos consignas en el forro de los libros de his-
al pie del alma mater.   [toria
Soñábamos soldados pastelitos caravanas
y éramos más.
Llovía a cántaros sobre la suciedad de las fachadas
siglos de polvo   hollín
conspiración del tiempo.
Luego la desbandada
hoja que marca el curso del olvido
linterna que se enciende o que se apaga
según quien le haga el guiño.

Portales de la calle Infanta

Atrás se queda el mar con sus olores
camino tierra adentro por los sucios portales de la calle Infanta.
Ya no sé a dónde voy   ya no sé lo que quiero
el rumbo es una suerte de inercia involuntaria.
Ah la añoranza de los tiempos idos
de los viajes de abuelo y la casa de huéspedes que era
casi un hotel.
Ni siquiera mi infancia
ah lo que nos contaron y no vimos
los que llegamos luego a ver esta ciudad desmoronarse.
Avanzo tierra adentro

polvo sobre la acera y los apuntalamientos
los rostros de la gente los comercios vacíos
el pobre zapatero sin tintes que poner en sus zapatos.
¿No es acaso un mendigo?
¿Y aquel que vende libros y viejas melodías
amarillentos fósiles en la Iglesia del Carmen?
¿Y el loco vivo-grito entorpeciendo el tránsito?
Ah vieja calle Infanta
¿no soy mendigo yo que camino sin rumbo por tus
sucios portales?
Esta ciudad se cae y a nadie le interesa.
Atrás se queda el mar
el mar es una lástima de azul desperdiciado.

Bailarina

Saltó desde mi ojo a la ventana
desnuda está en la acera mojada a la intemperie
bajo una luna extraña.
De pronto ya no baila
me sigue el rastro ajeno taciturno
la ira del zapato sobre el lomo.
Salta la bailarina
me recorre la espalda
habla de Irlanda en mis hombros y no entiendo
la hago saltar a punta de pistola
dolor para gritar malas palabras
y no aguantar ni un poco
y no tener piedad.
Gritar para que saltedisparar
y ver su cuerpecito llevado por el aire
danzando a contraluz.

(*Insomnios en la noche del espejo*)

Llanto por la ciudad cuando me alejo

qué sola te quedaste,
mi madre, con tus huesos

ELISEO DIEGO

A Santiago de Cuba

Qué culpa tiene madre
con tanto orgullo y tanto título en la frente
de que sus hijos huyan para hacerse crecer.
Qué culpa tiene la pobre de los muros
del que se eleva sobre su cadáver
y le vacía el alma.
Oh ciudad
cuánto amor se me cae
qué triste te me vuelves entre tanta montaña.
Qué sola estás.
A qué manos entregaste tu vejez
con qué artificios te cubren el semblante.
Cómo es posible ciudad
cómo es posible
este patriótico olvido en que te dejan.

(Historias para el desayuno)

Errancias

A Teresa Melo

Sobre estos mares extendieron nuestras redes
eran la oscura puerta y el oscuro pasillo
para avanzar a tientas santo y seña
para retroceder   buche de sangre

para bailar la noche que ríe como niña.
Noches aquellas de la isla
en que el viento colaba su dolor por las hendijas
y el hedor en oleadas nos llegaba del mar.
Fue también el amor invento de esos años
dibujo que supimos pudriéndose en la taza.
Cuánto habremos salvado de aquella bocanada
saltando sobre el mástil de la duda.
Vacío está el buzón de los silencios
tampoco pude ser el buen amigo
ni el hombro de llorar las maldiciones.
Por encima del túnel se empinan las agujas
se pudren los poemas si los echo a esas aguas.
Intento una señal desde las nubes viejas
que acorte la pared definitiva.
Brilla revuelto el sol atraviesa la isla.

La patria

Se fue quedando sola
rodeada de fantasmas
que subían del mar con las venas abiertas
y chupaban la savia
el famélico paso de una bala astillada que atravesaba
Se apagaron los cantos   [el aire.
la fiebre del verano desataba la lluvia
y el agua se llevaba el torvo plano
trazado a semejanza de un antiguo velero.
Como lenguas de fuego
las olas carcomieron el muro del cansancio
y no enciende el verdor a la yerba quemada.
Los fantasmas pasean
envueltos en banderas que destiñó el salitre

pendón de carnaval que el viento deshilacha.
Allí tras las ventanas
algún ojo translúcido se resigna al recuerdo
a un bahído de espanto que intenta la nostalgia.
Flota una esencia inmunda
una vergüenza
como el escalofrío de una mueca en la tarde.
Y retorna el fantasma
a pisotear el asco en sus calles maltrechas
desde el oscuro vientre de aquella catedral.

(*Errancias*, inédito)

DAMARIS CALDERON (La Habana, 1967). Obra poética: *Con el terror del equilibrista* (Matanzas: La Casa Ediciones, 1987); *Duras aguas del trópico* (Matanzas: Matanzas, 1992); *Guijarros* (La Habana: El Túnel, 1994 y Santiago de Chile: RIL, 1997); *Duro de roer* (Santiago de Chile: Las Dos Fridas, 1999); *Se adivina un país* (La Habana: Unión, 1999), *Sílabas, Ecce Homo* (Santiago de Chile: Universitaria, 2000).

En 1987 recibió el Premio «El Joven Poeta»; El «Ismaelillo», de la UNEAC, en1988; Premio de la revista *Revolución Cultura*, 1994; Premio de poesía de la Revista de Libros de *El Mercurio*, Santiago de Chile, 1999.

Ha sido incluida en antologías de poesía, entre las que se encuentran: *Poesía infiel* (La Habana: Abril, 1989); *Retrato de grupo* (La Habana: Letras Cubanas,1989); *Poesía cubana: la isla entera* (Madrid: Betania, 1995); *Los ríos de la mañana: poesía cubana de los 80* (La Habana: Unión, 1995); *Album de poetisas cubanas* (La Habana: Letras Cubanas, 1997); y *La casa se mueve: antología de la nueva poesía cubana* (Málaga: Centro de Ediciones de la Diputación Provincial de Málaga, 2000).

Poética: Una escritura como las huellas que dejan en la arena las patas de los pájaros. No en búsqueda de la belleza. ¿Qué es la belleza? Yo también la tuve una vez en mis rodillas, la abofeteé y la encontré amarga. No una poesía de la proliferación y el ornamento, sino un trabajo por supresión. Una exploración en los intersticios del silencio, en las zonas de hiato, en los alambres que impulsa la muerte. Otro descenso a los infiernos, ¿cantando, con la cabeza cortada, como Orfeo? Una escritura parca y definitiva. Despojada. Simple y descarnada. Como una articulación.

DAMARIS CALDERÓN

Praga

Es inútil buscar la
Ursprachen

(no quedan lengua
ni madre).
Columnas de inmaterialidad
sólidas como un dios.
Estos huesos no hablan alemán.

Calvert Casey

Cuando vio La Habana en Roma
la miseria de La Habana en Roma
no pudo seguir lactando
de las tetas de la madre de Remo.
Luego reconoció a Roma en La
Habana del paleolítico inferior.

San Petersburgo
París
La Habana
Roma,
las alucinaciones son reales.

Se suicidó en tierra de nadie.

A Marina Tsvietaieva

El frío
de un terrón de azúcar
en la lengua de una taza de té
de un pan que salta
en rebanadas sangrientas.
El oficio de lavaplatos,
las genuflexiones

y las manos que todavía
se sumergen
con cierta cordura.
Los rojos
los blancos
las cabezas rapadas
y los cosacos
podrán echar mi puerta a patadas
o aparezca una cuerda
con que atar un baúl y colgarme
sin que me estremezca un centímetro.

Huesos fuertes

El viento entra
por los huesos
una flauta
una cañería de desagüe.
    «Podrían tocar
    toda la noche
    y pedir
    durante tres generaciones.
    Si se les mira de cerca
    no están hechos
    para el trabajo
    y ostentan su miseria
    en carteles escritos
    en lengua ajena»
Los rumanos
de los campos
de concentración
(y los otros)
escaparon

en vagones establos
falsificaron
pasaportes
caminaron
fueron devueltos
en las fronteras
limítrofes
del Este.
Lo intentaron de nuevo
(nos suicidaremos en masa).
Algunos
lo consiguieron
y llegaron
al Sur
(o a la
muerte).

Exhumación colectiva
Cementerio de Colón, Vedado, La Habana

El combustible
(o la falta de combustible)
hace que los muertos
en la muerte
vuelvan a tener una vida gremial
cuyo correlato heroico será
que sin la carreta rural
(ni la alegórica)
serán sacados de sus fosas
y quemados en una pira común
que intentarán descifrar otros bárbaros.

Los otros

Sobre mí
crecerá
la yerba
que pisotearán
los caballos
de Atila.

Césped inglés

Los segadores
tienen una rara vocación por la simetría
y recortan las palabras sicomoro,
serbal, abeto, roble.
Guardan las proporciones
como guardan sus partes pudendas.
Y ejercen sin condescendencia
el orden universal
porque el hombre
-como el pasto-
también debe ser cortado.

Astillas

A mi madre

Mueres de día. Sobrevives de noche.
Paisaje de guerra
de posguerra
paisaje después de la batalla.

Piedra sobre piedra donde sólo se escuchan, en la
                                        [noche, a los gatos,
a las parejas de amantes que no tienen dónde meterse,
chillando.
Basuras, hierbas ralas, trapos, condones
aristas de latas con sangre.

Cuando salgo a la calle
como otro artista anónimo del hambre
más de algún cuerpo ha roto la fingida simetría
con un salto mortal.

Yo me sentaba en tus rodillas.
No me daba vergüenza, Sulamita
tu cabello de oro de ceniza.

Extranjeros rídiculos colgando
sobre árboles inexistentes.

Hace frío.

Las cortezas sangrantes del otoño aprietan como una
mortaja.

Si me siento a la mesa
el vacío es demasiado inmenso para poder rasparlo
con una uña.

Riberas del Mapocho

Una ciudad atravesada por un río
una mujer por su hombre
una garganta por una espina.

Mapocho vertical
donde desembocan el Sena y el Aconcagua,
el Nilo y el Almendares,
¿el camino de bajada es el mismo?
Los pájaros picotean con fruición
las cáscaras de plátanos
y los cuerpos ahogados.
Y las lajas de las piedras repiten
que el camino de bajada es el mismo.
Mis pies vertiginosos
las aguas inmóviles
un fuego que se va apagando en medidas.

(*Sílabas. Ecce homo*)

Índice

SUSCRIPTORES DE HONOR

M.ª Pilar Lerena (Melilla)
Rosario Hiriart (Nueva York)
Encarnita León (Melilla)
Encarna Pisonero (Madrid)
Teresa Arjona (Benidorm)
M.ª Francisca Núñez (Madrid)
M.ª Teresa Rubira (Alicante)
Felisa Chillón (Zamora)
Ana M.ª Reviriego (Plasencia)
Nieves Rubio (Waco/Texas)
Rima de Vallbona (Houston)
Paloma Fernández Gomá (Algeciras)
Angel M. Aguirre (Río Piedras / Pto. Rico)
Aurea Elisa Ortiz (Madrid)
Miguel Lledó (Valencia)
Ana M.ª Alvajar (Madrid)
Paloma Brotons (Albufereta)
Instituto Cervantes (Nueva York)
Instituto Cervantes (Bucarest)
M.ª Angeles de Armas (Escalona)
María Huidobro (Madrid)
Centro de Educación Permanente
de Adultos «Antonio Porpetta» (Elda)
Biblioteca Municipal (Elda)
Juana Arancibia (Westminster)
Sara Gutiérrez (Jerez de la Frontera)
Celina de Sampedro (Gijón)
Ana M.ª Rodríguez (Tarragona)
Blanca Calparsoro (Albons)
Biblioteca «Gabriel Miró» (Alicante)
Margarita de Linares (Barcelona)
Pilar del Hierro (Madrid)
Rafael Sancho (Toledo)
Margarita Borrego (Madrid)
María Llinares (Alicante)
Luz-Haydée Rivera (Nueva York)
Maia Viladot (Barcelona)
Pura Vázquez (Orense)

SUSCRIPTORES PROTECTORES

Marta Ibáñez (P. Mallorca)
Lola de la Serna (Madrid)
M.ª del Carmen Soler (Barcelona)
María Cabré (Reus)
Lola Deán (Majadahonda)
M.ª Angeles Munuera (Pozuelo)
Ana M.ª Romero Yebra (Almería)
Soledad Cavero (Madrid)
Pilar Monzón (Almudevar)
Mercedes Alario (Madrid)
Rosa Castillo (Madrid)
M.ª Luisa Mora (Yepes)
Juana Román (Cartagena)
Plutarco Marsá (Madrid)
Josefina Miranda (Madrid)
Soledad Velázquez (Alcobendas)
Elena Sainz (Londres)
Lidia Blanco (Astorga)
María Tecla Portela (Madrid)
Gloria García (Madrid)
Emilia Pérez (Alcoy)
Eloísa Marco (Getafe)
Sacra Leal (Elda)
Evangelina Lorenzo (Elda)
José Miguel Sáez (Elda)
María Pérez (Alicante)
Chantal Amorós (Madrid)
Nieves Simón (Alicante)
Rosa Martínez (Alicante)
Eloísa Sánchez (Cádiz)
Julieta Pinto (S. José de Costa Rica)
M.ª Begoña Romero (Leioa)
Mª Ángeles Vázquez (Vigo)
Estrella Pérez-Valero (Madrid)
Maruxa Orxales (Madrid)
Pilar Marcos (Sevilla)
Agustín Galindo (Sevilla)
Ana M.ª de Corcuera (Polán)

Nela Río (New Brunswick)
Francisco Lamela (Vigo)
Herminia Paz García (Madrid)
Consuelo Sanahuja (Valencia)
M.ª Remedios Cabello (Ripoll)
Luz Pichel (Madrid)
María Novo (Pozuelo)
Rocío Candau (Sanlúcar de Barra-
meda)
Sol Otto (Barbastro)
Carmen-Isabel Santamaría (Valla-
dolid)
M.ª Isabel Ortega (Rocafort)
Pilar de Vicente-Gella (Madrid)
María Escudero (Orihuela)
Carmen Arcas (Cartagena)
Blanca Sarasua (Bilbao)
M.ª José Maturana (S. Fernando)
Adelina Pérez (Málaga)
M.ª Antonia Ricas (Toledo)
Isabel Abad (Barcelona)
Cristina Amenedo (La Coruña)
Asunción Martínez (Madrid)
Carmen Burró (Ginebra)
Blas Jesús Imbroda (Melilla)
M.ª Carmen Díaz de Alda (Helsinki)
Pilar Alcalá (Sevilla)
Elena Andrés (Madrid)
M.ª Teresa Martín (La Línea)
M.ª Pilar Madrid (Paracuellos)
María Bauzá (Barcelona)
Emperatriz Torres (Lima)
Emilia González (Salamanca)
Celia Bautista (Barcelona)
Laura León (Madrid)
Conchi Gordon (Palencia)
Mª. del Carmen Machado (Icod de
los Vinos)

109

Mercedes Estíbaliz (Portugalete)
Marisol González (Nules)
Javier Tamayo (Móstoles)
Elena Mingo-Pérez (Madrid)
Paloma Merino (Madrid)
Sagrario Maroto (Santiago de Compostela)
Ana Martín (Madrid)
Gabriela Porcel (P. de Mallorca)
Maite Farrera (Barcelona)
Pedro M. Antón (Barcelona)
Pilar Serrano (Argamasilla de Alba)
Jesús G. Álvarez (Tremañes-Gijón)
Ángeles Mora (Granada)
M.ª Asunción Pérez de Landa (Zaragoza)
Amparo García (Valencia)
Renée Ferrer (Asunción)
Elena Pini (Sabadell)
Carmen Busmayor (León)
Mª. Teresa López de Murillas (Calahorra)
Carlota Caulfield (Oakland/California)
Anna Mª. Farrera (Olot)
Chelo Marín (Murcia)
Francisca Martínez (Las Palas)
Instituto E.S. «Miguel Fernández» (Melilla)
Milagros Salvador (Madrid)
Cristina González (Madrid)
Margarita Sastre (Ponce/P. Rico)
Mercedes Rodríguez (Alicante)
Nieves Rueda (Castellón)
Biblioteca de Mujeres (Madrid)
Clara Ordiz (Torrevieja)
Elisa Vázquez de Gey (La Coruña)
Araceli Espinosa (Tomelloso)
Pilar Serrano (Ciudad Real)
Ana Pereira (Estrivela)
Harrassowitz Books (Wiesbaden)
Pilar Salamanca (Valladolid)
Carmen Rubio (Galapagar)
Araceli Asturiano (S. Sebastián)
Consuelo Sánchez (Elda)
Rosa López de Diego (Madrid)
Ilma Valenzuela (Guayamallén/ Mendoza)

Teresa Aldamiz (Bilbao)
Dina Posada (Guatemala)
Juana M.ª Ramón (Estepona)
Miguel Galindo (Sevilla)
Isabel Monedero (Barcelona)
Alberto Piris (Bruselas)
Pepita Martín (Estepona)
Antonio Martín-Andino (Torrijos)
M.ª Angélica Urbina (Santiago de Chile)
Eulalia Dolores de la Higuera (Granada)
Wellesley College (Wellesley)
Dolors Alberola (Jerez de la Frontera)
M.ª Ángeles Maldonado (Hospitalet)
Pepa Nieto (Madrid)
Amparo Amorós (Elche)
Sandra Bruce (Castellón)
M.ª Pilar Saavedra (Muiños)
M.ª Angustias Castro (Granada)
Pilar Benito (Burgos)
Sacramento Rodríguez (Priego de Córdoba)
M. Begoña Eguiluz (San Sebastián)
Eva Larra (Las Rozas)
M.ª Ángeles Gómez (Yecla)
Ana Isabel López (Granada)
M.ª Dolores Carretero (Alicante)
Rosa García (Sevilla)
Pilar Escamilla (Rivas Urbs.)
Susana Cavallo (Chicago)
Lucía del Pozo (Madrid)
Carmen Álvarez (Palencia)
Oliva García (León)
Mónica López Bordón (Alcalá de Henares)
Juana Castro (Córdoba)
Edelia Álvarez (Madrid)
Silvia Ortiz de Urbina (San Sebastián)
M. Carmen Adamuz (Algarinejo)
M.ª del Mar Alféraz (Madrid)
Victoria García (Madrid)
Ángela Martín (Madrid)
Ana M.ª Rodríguez (Tarragona)
Verónica Selves (Paraguay)
Lilian Stratta (Argentina)
M.ª Pilar Cano (Noja)

M.ª José Castellot (Madrid)
Adela Martínez (Vigo)
M.ª Dolores Zubizarreta (Málaga)
Concha Castro (Almería)
M.ª Hernández (La Laguna)
Araceli Conde (Esparraguera)
M.ª José Benítez (Cádiz)
M.ª Paz Moreno (Cincinati)
Eva Cartes (Huelva)
M.ª Isabel Verdú (Murcia)
María Villar (Benavente)
Isabel Peralta (Aguadulce)
Margarita Lázaro (Melilla)
Gloria Bosch (Barcelona)
Concha Vidal (Alicante)
Pilar Iglesias (Valladolid)
Natividad Moreno (Getafe)

Mar Álvarez (Madrid)
M.ª Eugenia Domínguez (Madrid)
M.ª Ángeles Chavarría (Valencia)
Estrella Pineda (Madrid)
M.ª José Cortés (Getafe)
Antonia Álvarez (Gijón)
M.ª Elena Feliu (Totana)
M.ª Nieves Brito (La Laguna)
Elena González (Avilés)
M.ª José Chordá (Valencia)
Marián Cardoner (Barcelona)
M.ª Dolores García (Lleida)
Silvia Donoso (Barcelona)
Nuria Mugüerza (Madrid)
Yolanda Rodríguez (Alcobendas)
Yolanda Becerra (Alcalá de Henares)
Carmen Camacho (Jaén)

Este libro,
número 162
de la Colección Torremozas,
se terminó de imprimir el día
31 de Enero del año 2002,
festividad de Santa Marcela

Laus Deo